KB211107

우리는 종교개혁을 오해했다

Reformation Myths:

Five centuries of misconceptions
and some misfortunes

교회가
500년간
외면해온
종교개혁의
진실

우리는 종교개혁을 오해했다

로드니 스타크 | 손현선 옮김

헤르몬

차례

들어가며

신화인가, 진실인가

2017년 10월 31일은 마르틴 루터가 비텐베르크 성城교회 문에 "95개 조 논제"를 못질함으로써 오늘날 '개신교 종교개혁'Protestant Reformations으로 알려진 사건이 시작된 지 500주년 되는 날이었다. 이를 기리기 위해 여러 개신교 국가에서는 1년 내내 수백 회의 학술 대회가 열렸고, 가톨릭 신도가 참가한 대회에서도 근대 서구의 탄생에 다방면으로 기여한 종교개혁에 깊은 경의를 표했다.

하지만 종교개혁을 기리는 자리라면 마땅히 답하고 넘어가야 할 민망한 질문을 하나 던지겠다. "당신이 말한 종교개혁이란 어떤 종교개혁을 의미합니까?" 일단, 세 개의 성공한 종교개혁(영국에서 일련의 종교개혁이 연쇄적으로 일어났다는 근래의 주장을 무시하더라도)과 재세례파의 봉기가 16세기에 있었다.[1] 성공한 세 종교개혁의 유일한 공통점이라면 교황 권위를 배격했다는 것 정도이고, 그 외엔 서로 상충하는 부분이 많았다. 루터의 가장 중요한 신학적 주장은 구원은 오직 믿음을 통해 임한다는 것이었다. 칼빈은 구원은 어떤 수단으로도 성취할 수 없으며, 다만 하나님이 알 수 없는 이유로 소수의 택자에게 부여하시는 것이라고 가르쳤다. 그리고 헨리 8세가 주도한 영국의 종교개혁은 믿음과 행위 둘 다를 통해 구원을 얻는다는 로마 가톨릭의 입장을 따랐다.

이 세 개의 종교개혁은 또한 쓰라린 증오심으로 분열되었다. 루터파는 독점적 국교회를 설립하고 여타의 신앙은 전면 금지했고, 1580년대 들어서는 '비밀 칼빈주의자들'crypto-Calvinists을 색출하여 작센에서 화형시켰다.[2] 루터파는 또한 '츠빙글리즘을 실천해 성사聖事를 유린하거나, 재세례파로 의심되는 사람들 일체'[3]를 적대했다. 칼빈주의자들은 제네바에 '이단 사상'을 불용했으며 위반자를 박해했다. 헨리 8세는 몇몇 가톨릭 고위성직자를 참수했을 뿐 아니라 루터파, 칼빈파, 재세례파와 기타 '이단'들을 화형에 처했다.

그렇다면 2017년에 거행된 허다한 기념행사들은 '단 하나의' 종교개혁을 기리기 위한 것일 리 만무하다. 영국의 종교개혁은 열외로 하더라도 기념자들이 죄다 루터파 종교개혁을 기리는 것 같지도 않다. 이 모든 행사의 유일한 공통분모는 '개신교의 발흥'을 축하한다는 것이다. 여기서 제기되는 더 중요한 사안이 있다. 바로 개신교가 촉발했다고 알고 있는 많은 성취가 죄다 신화적일 뿐만 아니라, 실제로 개신교 발흥으로 초래된 결과 중에는 상당히 불운한 것도 있다는 점이다. 가령 개신교가 과학의 발흥과 자본주의 탄생을 가능하게 했다는 신화에는 번지수 틀린 찬사가 쏟아질 테지만, 개신교로 말미암은 개인주의의 발흥과 개인주의로부터 파생된 결과들, 또는 개신교가 세속화를 초래했다는 똑같이 신화적인 주장들에 대해선 당파적 이유로 훨씬 적은 이야기만 오고 갈 것이다. 그리고 왜 영국의 많은 저택에 '사제 땅굴'이 필요했는지, 또는 영국이나 북유럽에서 정기적인 교회 출석을 의무화하는 법이 존재했다는 사실에 관해서는 거의 논의가 되지 않는다. 여기에 루터의 폭력적 반유대주의 유산에 관해서는 아예 언급조차 되지 않을 가능성이 크다.

아울러 마땅히 제기해야 할 또 하나의 질문을 다루지 않고 어물쩍 넘어갈 공산이 크다. 그것은 "무엇이 개신교도인가"라는 질문이다. 나는 이 짧막한 서론에서 '개신교도'란 범주는 여러 중요한 사안에 비해 너무도 큰 다양성을 내포하고 있기에 협의俠義로 사용되는 경우를 제외하고는 본질적으로 무의미함을 제시할 것이다.

'개신교'protestant 라는 이름은 1529년에 루터교 수용 여부를 제후의 개별적 선택에 맡긴다는 칙령을 황제가 취소하자 이에 '반발'protest 하여 독일 제후들이 쓴 편지에서 유래했다. 이 단어의 어원은 라틴어 '프로'pro, ~을 찬성하다와 '테스타리'testari, 증거하다 또는 '프로테스타티오'protestatio, 선언하다에서 왔을 것이다. 아이러니하게도 "느슨하게 상호연결되었지만, 궁극적으론 개별 범주의 운동들을 … 총칭하기 위해" 프로테스탄트라는 단어를 최초로 사용한 곳은 바티칸 교황청이었다.[4] 오늘날 일반적인 사전적 정의는 모호하고 부정적이다. "프로테스탄트는 로마 가톨릭 신자나 동방정교회 가톨릭 신자가 아닌 기독교인 전부를 말한다." 어떤 사전은 성공회도 배제한다. 그 어디에서도 "개신교 신자는 이러저러한 자다"라는 정의를 찾기가 어렵다. 개신교도로 통칭하는 자들이 공통으로 견지하는 일련의 신념이나 특징을 찾아내기가 불가능하기 때문이다. 맨 처음부터 그랬다. 루터파, 칼빈파, 성공회, 재세례파가 의견 일치를 이룬 지점은 예수의 신성과 교황의 사악함 정도가 고작이었다.

수천 개의 '개신교' 교단

이미 루터 시대부터 이 '개신교'란 단어는 어떤 일관된 신학적, 조직적 의미를 갖추지 못했다. 2001년 판《세계 기독교 대백과사전》*World Christian Encyclopedia*에 의하면, '개신교'는 전 세계적으로 대략 33,000개의 독립 교단으로 갈라져 있다. 사하라 이남 아프리카에만 무려 11,000개의 개신교 교단이 있을 것이다. 영국에는 거대한 영국 국교회부터 영세 복음주의 교단까지 500개가 넘는 개신교 독립 교단이 있다. 그리고 미국에는 1,000개가 넘는 개신교 독립 교단이 있으며 그중 23개의 교단은 각각 100만 명이 넘는 교인을 거느리고 있다. J. 고든 멜튼은 그의 기념비적 저서《미국 종교 대백과사전》*Encyclopedia of American Religions*, 9차 개정판에서 10개의 중요한 개신교 '일가'family를 규명했다. '일가'란 공통의 뿌리와 일정한 신학적 유사성을 공유하는 교단 묶음이다. 그럼에도 이 일가들 간에는, 그리고 그 내부에서도 신학적, 문화적 가치관에서 엄청난 차이가 존재한다. 두 가지 예를 살펴보자.

루터교 일가. 한때 독립적이었던 (독일, 스웨덴, 덴마크 등) 민족적 루터 교단들 사이에 최근 통합 움직임이 있었지만, 여전히 33개의 독립 루터 교단이 미국에 남아 있다. 그중 일부는 규모가 매우 크다(복음주의루터교EL, Evangelical Lutherans는 교인이 약 500만 명에 달하며 미주리 루터교ML는 대략 300만 명이다). 그중 일부는 매우 영세한 규모다(개혁파루터교LCR는 15개 회중에 교인은 1,000여 명밖에 안 된다). 이 루터교 '일가' 내에서도 놀랄 만한 신학적 다양성이 존재한다. 복음주의루터교는 매우 자유주의적이고 미주리루터교는 매우 보수적이다.

개혁파 장로교 일가. 매사추세츠에 식민지를 세운 청교도를 비롯한 칼빈주의의 여러 분파가 여기 포함된다. 밀튼은 이 집단 내부에 44개의 독립 교단이 있음을 밝힌다. 그중에는 영세한 교단도 있고 규모가 큰 교단도 있다. 미국장로교PCUSA는 교인이 200만 명이 넘고 연합그리스도교회UCC는 100만 명이 넘는다. 이 대형 교단 둘 다 신학적으로는 자유주의지만, 이 일가에는 극도로 보수적인 교단도 많다. 일례로 교인이 30만 명이 넘는 북미기독교개혁교회CRC에 칼빈이 왔다면 상당히 편안함을 느꼈을 것이다.

종교적 신념에 관한 설문조사에서 분명하게 드러나듯이 '평균적인' 개신교도라는 개념은 통계적 허구에 가깝다. 〈표 1.1〉은 1963년에 미국 교인들을 대상으로 실시한 설문조사를 토대로 한 자료다. 좌측 열을 읽어내려가다 보면 일부 주류 교단에는 기독교 전통 교리를 믿는 사람이 거의 없고, 어떤 곳은 거의 대부분 전통 교리를 믿는다는 사실을 분명하게 알 수 있다.

교단	신념(%)		
	동정녀 탄생	재림	마귀
회중교회 Congregational*	21	13	6
감리교 Methodist	34	21	13
감독교회 Epicopal	39	24	17
그리스도의제자교회 Disciples of Christ	62	36	18
장로교 Presbyterian	57	43	31
미국루터교 American Lutheran	66	54	49
미국침례교 American Baptist	69	57	49
미주리루터교 Missouri Lutheran	97	75	77
남침례교 Southern Baptist	99	94	92
다양한 복음주의 단체들	96	89	90
전체 개신교	57	44	38
로마 가톨릭	81	47	66

〈표 1.1〉 **1963년, 미국의 교단과 종교적 신념**
*현재 연합그리스도교회(United Church of Christ)의 전신. _출처: Stark and Glock, 1968.

이 조사 결과가 널리 알려진 지는 근 50년이 넘었고 그 후로도 비슷한 결과가 누차 발표됐다. 최근에 제이스토어 JSTOR(1995년에 설립된 전자 도서관 혹은 데이터베이스 업체—편집자)에서 '개신교'라는 제목으로 올라온 사회과학 논문을 검색해 보니 52,522건의 결과가 나왔다(제이스토어에 등재되지 않은 주요 학술지도 많다). 논문 제목 중 몇 개만 소개한다.

- 개신교 신자와 가톨릭 신자의 교육 성취도 차이
- 개신교/가톨릭 신자의 결혼 상태 차이
- 교회와 문화: 개신교와 가톨릭 신자의 근대성

이런 접근이 얼마나 터무니없는가를 보여주려면 이런 사안에서 '평균적인' 개신교도와 가톨릭 신자 간의 차이만큼이나, 아니 어쩌면 그보다 훨씬 큰 차이가 '개신교'로 한데 묶인 단체에 속한 다양한 부류의 개신교도 사이에 존재한다는 것을 공개해야 한다(〈표 1.1〉에서 보듯이 말이다). 따라서 이런 개신교와 가톨릭 신자의 비교와 관련된 모든 보고는 어불성설이다.

물론 때론 '개신교'라는 단어가 의미 있게 사용되기도 한다. 현대의 사전적 정의에 충실하자면, 교황의 권위를 수용하는 그리스도인과 그렇지 않은 그리스도인을 구분하는 데 때로는 '개신교'가 도움이 된다. 일례로 덴마크를 프랑스와 구분하고자 '개신교 국가'라는 용어를 사용하는 것은 타당하고도 유용하다. 이 정의에 수반하는 놀랄 만한 종교적 다양성을 염두에 두는 한 그렇다. 여하튼 이 책의 나머지 부분에서 나는 일관된 종교적 관점을 확인하고자 '개신교'라는 용어를 사용하는 것에 어떠한 의미가 있는지 계속 의문을 제기할 것이다.

전반적으로 여러 종교개혁이 해악보다는 유익을 더 많이 끼쳤다는 사실에는 나도 동의한다. 8장에서 분명히 알겠지만, 아이러니하게도 종교개혁은 가톨릭교회에 특히 유익했다. 그러나 전체 그림 속에 들어 있는 여러 신화와 일부 불운한 결과들 역시 종합적으로 고려하는 것이 적절하다고 생각한다. 나는 이 책에서 그 일을 할 것이다. 어느 동료의 말마따나 내가 '소풍날의 스컹크'가 된다 해도 어쩔 수 없다.

1

종교개혁으로 신앙 부흥이 일어났다는 신화

루터가 바티칸에 반기를 들 즈음 유럽 교회 출석률이 아주 형편없었다는 것은 익히 알려진 사실이다. 루터파 종교개혁의 가장 즉각적이고도 의미 있는 결과는 교회의 장의자를 가득 채운 데 있다고 사람들은 오랫동안 믿어왔다. 더욱이 루터파의 대대적인 부흥 캠페인으로 평민의 신앙심에만 발동이 걸린 게 아니라, 북유럽 군주들 역시 이내 개신교를 수용하면서 왕관 쓴 머리를 숙여 기도하기 시작했다고 믿었다. 또한 종교개혁은 수 세기간 계속된 절대 군주의 폭정과 왕권신수설에 종지부를 찍고 '제한적 군주제'라는 새 시대를 열었다는 믿음도 함께했다.

하지만 이러한 '중세의 경건성과 독실한 농민으로 꽉 찬 교회'라는 이미지는 역사적 근거가 없다. 마이클 월저가 말했듯이 "중세 사회 구성원 대다수는 교회 불참자들이었다."[1]

민초의 종교개혁

알렉산더 머레이의 중세 종교생활에 대한 평가는 이미 여러 자료를 통해 확증된 바 있다. "13세기 사회는 상당 부분 교회에 거의 출석하지 않은 사람으로 이루어졌다."[2] 아울러 지역주민이 교회 건물을 그릇 사용하는 일도 빈번했다. 1367년 요크의 대주교 존 토레스비는 교회에서, 그것도 주일에 시장판을 벌이는 것에 격분했다. "1229년부터 1367년까지 이 같은 사례에 대한 교회 차원의 처분은 11건 있었다. 기도의 집을 도적의 소굴로 바꾼 이들에 대하여 … 주교마다 분통을 터뜨렸지만 소용이 없었다."[3] 유럽 대륙 전역에서 비슷한 일이 왕왕 일어났고, 교회의 고위 관리들은 교회뿐 아니라 대성당까지 곡물 저장소, 축사, (장이 서는 날에는) 실내 장터로 이용되는 것에 불만을 토로했다.[4]

이런 공백이 있었기에 독일의 종교개혁이 그토록 일사천리로 대중 운동이 될 수 있었다는 것이 일반 통념이다. 대부분 사회과학자는 성공한 종교 운동은 이생에서 넉넉한 상급을 누리지 못하는 '민초'를 토대로 한다고 믿는다. 리차드 니버[1894-1962]는 그의 명저 《교회 분열의 사회적 배경》*The Social Sources of Denominationalism*에서 새로운 종교 운동은 언제나 '빈자의 반란'이라고 역설했다.[5] 노만 콘[1915-2007]의 표현을 빌자면, 개신교는 "삶의 물적 조건을 개선하기 위한 빈자의 열망"[6]에서 비롯된, 유럽에서 태동한 또 하나의 커다란 이단 사상이었다. 고로 사회과학자들은 루터교가 대중에게 있던 종교적 열정의 봇물을 터뜨렸기 때문에 독일 전역으로 급격히 확산할 수 있었다는 데 오랫동안 의견을 같이했다. 루터교 예배가 라틴어가 아닌 독일어로 드려져 역사상 처음으로 일반인이 예배 내용을 알아들을 수 있었다는 점도 큰 몫을 했다. 게다가 초창기부터 루터파는 젊은이의 신앙교육에 공을 들였다. 루터는 청년 교육을 위해 1529년에《소요리 문답서》*Shorter Catechism*를 발간했는데, 이 책은 얼마 안 되어 10만 부 판매를 돌파했다. 루터의 글이다. "요즘에는 열다섯 살 소년소녀가 옛적 위대한 대학의 신학자를 다 합친 것보다 기독교 신학에 관해 더 많이 안다."[7] 그 후 1543년 루터는 공언했다. "난 우리 교회를 열악한 상태로 방치하지 않겠다. 교회는 순전하고 건전한 가르침으로 흥왕하고 있으며 탁월하고 진지한 많은 목회자를 통해 날마다 성장을 거듭하고 있다."[8]

하지만 이런 일은 일어나지 않았다! 독일 대중은 예전처럼 여전히 교회 밖에 있었다. 우리가 이렇게 확신하는 이유는 1525년부터 그다음 세기까지 여러 지역의 루터파 교회를 방문한 감사단의 보고 덕분이다. 이들은 자신이 관찰한 바를 엄청난 분량의 서면으로 제출했고, 그 보고서는 지금도 존재한다. 미국의 저명한 역사가 제럴드 스트라우스[1922-2006]는 이 문서를 분류하였고, 그중 방대한 양을 출간했다. 그는 "일당백을 할 수 있는 사례만 엄선했다"고 말했다.[9] 대부분 지역에서 교회 예배 참석은 '법적 의무였다'는 사실을 상기하며 다음 발췌문들을 살펴보자.

작센 지방에선 "대다수는 예배 참석보다는 야외에서 낚시를

하고 있다. … 교회에 오는 사람도 목사가 설교를 시작하자마자 예배당을 빠져나온다."[10] 비텐베르크의 시그레나Seegrehna에서는 "한 목사는 종종 설교도 안 하고 교회 문을 나선다고 보고했다. … 설교를 들으러 온 영혼이 한 명도 없기 때문이다."[11] 코부르크에서는 "신성한 예배에 결석하는 풍조가 만연한데, 이를 타개할 방법이 전혀 없는 듯하다. … 안에서는 예배가 진행되는데 한 무리의 남자들이 교회 뜰에 모여 브렌디를 마시며 저속한 노래를 불렀다." 바룸에서는 "인근 모든 목사의 가장 크고 만연한 불만은 사람들이 일요일에 교회에 나오질 않는다는 것이다. … 뭘 해도 사람들은 교회에 나오려 하질 않는다. … 그래서 목사들은 거의 텅 빈 교회를 마주한다."[12] 브라운슈바이크-그루벤하겐에서는 "일요일에 많은 교회가 텅 비어 있다."[13] 바일부르크에서는 "일요일에 교회에 결석하는 것이 너무도 만연한 풍조라 교계 지도자들은 일요일에 사람들을 성안에 가두기 위해 일요일 오전에 성문을 폐쇄하는 방안을 논의했다. 다른 곳에서의 사례를 보건대 이 방법은 효과가 없을 것이다."[14]

주일 예배 출석률이 높다 해도 그게 과연 바람직한 일인지는 불분명했다. 억지로 교회에 끌려 나와 행패를 부리는 사람들이 많았기 때문이다! 나사우에서는 "예배에 온 사람들은 보통 술에 취한 상태다. … 그리고 설교 내내 잠을 자다가 장의자에서 떨어져 소란을 부리거나 바닥에 아기를 떨어뜨리는 여자도 있었다."[15] 라이프치히에서 일어난 일은 이렇게 묘사됐다.

예배 결석이 [많았다]. … 아무도 이 때문에 처벌받지 않았다. … [교회에 오는 사람은] 목사가 설교하는 동안 카드놀이를 하거나 목사의 면전에 대고 조롱하거나 목사 흉내를 내는 일도 자주 있었다. … 욕설과 신성모독과 야유와 싸움이 일상다반사였다. … 그들은 예배가 절반쯤 진행되었을 때 교회에 들어와 곧장 잠에 곯아떨어졌다가 축도 전에 다시 뛰쳐나간다. … 아무도 찬송가를 부르지 않는다. 목사와 사찰지기 단둘이 노래하는 것을 듣는 데 가슴이 미어졌다.[16]

비스바덴에서는 "[교회 예배 중] 하도 심하게 코를 골아서 내 귀를 의심할 정도였다. 이 사람들은 자리에 앉자마자 팔베개를 하고 곧장 잠을 청한다."[17] 게다가 많은 이들이 교회 안으로 개를 데리고 들어왔고, 개가 "설교자의 말이 안 들릴 정도로 시끄럽게 짖어대고 으르렁거린다."[18] 함부르크에서는 "[사람들이] 찬송가를 따라 부르는 교인들에게 불량한 손짓을 하며, 개를 교회에 데리고 들어와 큰 소리로 짖게 해 예배를 방해한다."[19]

이런 태도와 저조한 출석률을 볼 때 독일 대중이 (그리고 대부분 유럽인이) 기독교의 가장 기초적인 사실에도 무지했다는 것은 전혀 놀랄 일이 못 된다. 작센의 "어느 마을에서는 십계명을 아는 사람을 단 한 사람도 찾을 수 없었다." 브란덴부르크에서는 "무작위로 추출한 일군의 남자들에게 … 십계명의 각 계명을 어떻게 이해했는지 묻자 전혀 답변을 못 하는 사람이 많았다. … 그들 중에

만취하여 하나님의 이름을 들먹이며 욕하는 것이 죄라고 생각한 사람은 아무도 없었다." 노텐슈타인에서는 "교회 장로를 포함한 교인들은 십계명 중 단 하나도 기억해내질 못했다." 살쯔리벤할Salzliebenhalle에서는 "자신의 구세주가 누구인지" 아는 사람이 아무도 없었다. 뉘른베르크에서는 많은 이들이 "예수님이 돌아가신 성금요일이 1년 중 어느 날인지 대지 못했다." 그라임의 한 목사는 "그들은 전혀 교회에 가지 않기 때문에 대부분 기도할 줄 모른다"고 성토했다.

"방문자들이 가는 곳마다 발견한 것은 방탕한 음주, 끔찍한 신성모독, 매춘, 마술, 복술, 성직자에 대한 만연한 경멸이었다는 것은 군이 덧붙일 필요가 없다."[20] 유사한 자료에서는 "독일과 네널란드 공화국의 일부 칼빈파 지역에서는 … [상황이] 조금 나았다"고 했다.[21]

영국에서도 상황은 매한가지였다. 1552년 의회에서 통과된 통일령Uniformity Act에는 "다양한 지역에서 큰 수의 사람들이 … 교회 나오기를 싫어하고 거부하는 저주받을 일을, 전능하신 하나님 앞에서 고집스럽게 행한다"[22]라는 내용이 있다. 그 결과 일반인은 기독교에 대해 거의 또는 전적으로 무지했다. 1606년 니콜라스 브라운드는 그들에게 성경 이야기를 들려주면 "새로운 뉴스를 듣는 것만큼 생경하게 느낀다"라고 했다. 그리고 영국 국교회의 한 주교는 사람들이 성경에 나오는 내용을 전혀 모를 뿐 아니라 "성경이 있다는 사실조차 모른다"라고 했다.[23] 같은 시기, 웨일즈에 대한 보고다. "수천 명이 그리스도에 대해 전혀 알지 못한다. 그렇다, 금시초문인 사람이 태반이다."[24]

일반인만 기독교 가르침에 무지한 게 아니었다. 많은 성직자역시 똑같이 무지했다. 1551년 글로스터의 주교가 영국 국교회소속 교구 성직자들을 체계적으로 테스트했는데, 311명의 사목중 171명이 십계명을 외우지 못했으며 27명은 주기도문의 저자가 누구인지 몰랐다.[25] 이듬해 영국 국교회의 후퍼 주교는 "수십명의 개교회 성직자는 주기도문의 저자가 누구인지 또는 주기도문이 성경 어디에 나오는지 대지 못한다"라는 사실을 발견했다.[26]

종교개혁 이전에도 교회 사역자들은 이러한 무지를 충분히 인지하고 있었다. 대부분은 교회 예배가 (가끔 하는 짤막한 훈계를 빼고는) 장의자에 앉은 사람이 거의 알아들을 수 없는 라틴어로 드려지는 탓이라고 믿었다. 이제 종교개혁으로 자기 나라 말로 설교하는 시대가 도래했으니 이러한 대중의 무지가 불식되리라고 사람들은 믿었다. 그러나 그런 일은 일어나지 않았다. 우선 교회에 나오는 사람이 너무 적었다. 또 다른 이유로는 교회 출석자의 집중도가 너무 떨어지는 것도 있었다. 한편으론 잘 훈련된 성직자가 등장했지만, 그들은 "대다수 청중의 수준보다 한참 높은 수준의" 설교를 했다.[27] 영국의 철학자 존 로크[1632-1704]는 영국 성공회 성직자들이 설교에서 즐겨 사용하는 "여러 개념은 가난한 일용직 노동자에게는 아랍어로 말씀을 듣는 것과 진배없었다"라고 평했다.[28]

마찬가지로 독일 농민과 도시 하층민에게 신앙 교육을 제공하려던 마르틴 루터의 노력은 처절하게 실패했다. 기독교 신앙의 기초 지식보다는 복잡미묘한 뉘앙스에 더 관심이 있었던 대학교수 출신 루터가 교안을 만들었기 때문이었다. 가령 루터는 단순하게 주기도문을 알려주는 대신 그 미묘한 함의를 드러내는 데 관심이 더 컸다. 루터파 신앙 교육의 진수는 루터의《대교리문답》Catechism 인데, 이 책은 기본적인 기독교 교리를 매우 장황하게 설명하고 있다. 일례로 이 교의서는 여러 쪽에 걸쳐 십계명의 각 계명에 관해 상당히 난해한 해석을 제공한다. 각 지역의 루터파 성직자는 이 교의서로 매 주일 오후에 설교하고 주중에는 청년 강좌를 진행해야 했다.

대부분 마을에서 이런 강좌는 참여자가 없어 개설조차 되지 않았다. 그렇다고 사람들이 종교적이지 않았다는 뜻은 아니다.

[다만] 교인들이 기독교로 이해한 것은 결코 강대상에서 설교하거나 주일학교에서 가르치는 내용이 아니었다. 그들은 사제들에게 들은 내용을 나름대로 소화했다. … 사제들이 더 대중화된 형태로 신앙을 전파하지 못했으므로 주민들 스스로 자구책을 마련할 수밖에 없었다.[29]

종교개혁 시대의 유럽인은 교회 가는 걸 싫어했고 기독교에 무지했다. 하지만 그렇다고 해서 그들이 비종교적이었던 건 아니었다. 제럴드 스트라우스의 표현대로 그들은 "나름 자기만의 색깔을 띤 신앙생활을 했다. 가령 고대 의례와 절기별 풍속, 재구성 불가한 토속 가톨릭, 그리고 큰 비중의 마술이 결합된 풍성한 조합으로 일상을 살아가는 데 도움이 되는"[30] 것이었다. 대중 신앙은 하나님, 예수님, 마리아와 다양한 성인에게 기도하면서도 이교異敎의 남신과 여신, 숲의 요정, 난쟁이 요정, 귀신과 같은 소소한 영들도 빈번하게 소환하는 신앙이었다. 사람들은 기복적으로 간구했고 구원과 같은 문제에는 거의 관심이 없었다. 오히려 강조점은 건강, 출산, 날씨, 섹스, 풍년 같은 긴박하면서도 피부에 와닿는 일상 속 평범한 문제들이었다. 결론적으로 대중의 신앙은 언제나 그랬듯이 마술magic이 중심축이었다.

오늘날 유럽의 종교생활도 대동소이하다. 국교회가 여전히 유럽의 모든 '개신교' 국가들을 지배하고 있으며 그 폐단은 후속 장에서 살펴볼 것이다. 교회 출석은 어딜 가나 여전히 저조하다. 그리고 여전히 폭넓은 층이 마술을 수용하고 있다!

2008년 '국제적 사회여론조사 프로젝트'ISSP는 몇몇 나라의 유럽인에게 이 세 가지 진술에 동의하는지 물었다.

- 점쟁이들은 진짜로 미래를 예언할 수 있다(점술).
- 어떤 이의 탄생 별자리는 그 사람의 장래사에 영향을 미칠 수 있다(점성학).
- 행운의 부적은 실제로 행운을 가져다준다(부적).

〈표 1.1〉은 종교개혁이 성공한 세 나라와 여전히 가톨릭으로 남아 있는 네 나라의 신앙 수준을 보여준다. 마술에 대한 신뢰는 가톨릭과 개신교 모두 비슷한 수준이었고, 이는 우리가 '근대' 세계라고 할 때(특히 '세속화된' 유럽이라고 생각할 때) 대다수가 응당 바라는 기대치보다 다소 높았다.

나라	믿는 사람 비율		
	점술	점성학	부적
'개신교' 국가			
독일	25	32	37
네덜란드	26	21	19
스위스	35	42	36
가톨릭 국가			
오스트리아	28	32	33
프랑스	37	38	23
아일랜드	31	17	24
포르투갈	27	29	45

〈표 1.1〉 2008년 유럽인의 마술 신뢰도

_출처: International Social Survey Project, 2008.

'경건한 국왕'이라는 환상

많은 경우 특정 지역이 개신교로 전향할지 혹은 가톨릭에 남을지에 관한 결정은 '국가 원수의 신념'에 달린 사안이었다.[31] 사료 전반에 걸쳐 개신교를 선택한 위정자의 '경건성'이 빈번하게 언급된다.[32] 덴마크 크리스천 3세가 '루터교에 대해 확고한 헌신'[33]을 드리기로 한 사실에 관해선 아무도 의심하지 않는다. 마찬가지로 가톨릭 문헌은 가톨릭에 남기로 결정한 위정자들의 경건함 역시 자주 언급한다. 실제로 왕의 '신앙적' 선택에 대해 이런 시각으로 보는 것은 어쩌면 당연하다고 할 수 있다. 그러나 이는 실제 현실과 달랐다. 헨리 8세가 기회주의자였다는 건 누구나 아는 사실이다. 대부분 다른 위정자들도 다르지 않았다. 그들이 개신교로 개종하거나 가톨릭에 잔류한 주된 동기는 신앙이 아니라 자기 이익 self-interest 이었다![34]

가톨릭 잔류파

1296년, 영국과 전쟁을 계속하기 위해 자금이 절실히 필요했던 프랑스 국왕 필립은 교회 수입에 세금을 부과했다. 분개한 교황 보니파스 8세는 성직자나 교회 재산에 과세를 금하는 칙령을 반포했다. 그러자 필립은 이에 맞서 화폐나 귀금속의 국외 반출을 불법화하고 교황의 세금 징수관들이 입국하는 것을 금했다. 그러자 1305년 교황청은 프랑스 자금에 합법적으로 접근하기 위해 아비뇽으로 이전했고, 1378년까지 계속 그곳에 머물렀다. 이 기간에 교황들은 모두 프랑스인이었다. 하지만 교황청이 로마로 재이전한 후에도 프랑스 국교회는 여전히 왕권에 종속되어 있었다. 국왕의 교회 통제는 15세기 내내 확대되다가 16세기 초 국왕이 지지하고 앙브와즈 추기경이 주도한 프랑스 국교회, 특히 수도원의 전면 개혁으로 정점을 찍는다. 그 후 1516년 교황 레오 10세와 국왕 프랑수아 1세가 볼로냐 협정을 체결하여 교회에 대한 왕권을 공인했다. 국왕은 프랑스 국교회의 모든 고위직(10개의 대주교직, 82개의 주교직, 수백 개의 수도원과 수녀원의 원장직)에 대한 임명권을 인정받았다. 국왕은 이런 임명권을 통해 교회 재산과 수입을 통제했다. 오웬 채드윅1916-2015의 말마따나, "국왕이 교회 돈을 원할 때면 굳이 편법을 쓸 필요가 없었다."35 프랑스 정부로선 개신교를 지지할 만한 큰 유혹거리가 없어진 셈이다.

"프랑스와 마찬가지로 스페인도 교회를 국가에 종속시키기 위해 굳이 종교개혁까지 할 필요는 없었다."36 스페인 왕실은 오래전부터 대주교와 주교를 추천하고 성직자에게 벌금을 물리며 십일조의 상당 지분을 수령했다. 1486년 페르디난드와 이사벨라는 모든 주요 교회 직분의 임명권과 성직자 과세권을 얻었고, 스페인 법정에서 로마로 항소하는 일을 금했다. 이로써 스페인의 교회 통제권을 크게 확대했다.37 실제로 스페인과 스페인령에서는 왕실의 사전 동의 없이 교황의 칙령과 조례를 반포 및 소지하는 일이 불법이었다(그래서 수십 년 후 노예가 허용된 스페인령 신세계에서 교황의 노예제 반대 조례를 낭독할 수 없었다).38 포르투갈의 환경도 스페인과 대동소이했다.

국가에 대한 교회의 종속은 프랑스의 샤를 5세1500-58 치하에서 강화되었다. 이는 스페인이 신성로마제국의 중심이 되어 네덜란드, 오스트리아, 독일 남동부의 일부 지역, 이탈리아의 도시국가들로 세를 확장하는 과정에서 일어난 일이다. 비록 방대한 영토를 수호하고 확장하는 과정에서 샤를은 엄청난 자금이 필요했지만, 교회 재산에 손을 대려는 유혹을 상쇄하고도 남을 만한 세 가지 요인이 있었다. 첫째, 샤를은 이미 교회 수입에 상당한 지분이 있었다. 둘째, 샤를이 주권을 주장하려면, 늘 그를 '외인' 취급했던 스페인에서 교황의 지지가 특히 긴요했다. 셋째, 신세계로부터 막대한 양의 금과 은이 유입되어 교회 재산의 상대적 가치가 감소했다. 이젠 굳이 위험을 무릅쓰면서까지 교회 재산을 몰수하지 않아도 되었다.

초기에 개신교는 폴란드에서 인기가 있었고 관용을 얻었다. 오래전부터 유대인과 동방정교 그리스도인의 종교적 권리를 존중해왔던 터였다. 그러나 종국에 개신교는 탄압을 받았고, 예수회가 대거 영입되어 로마 가톨릭의 패권 재구축에 오히려 힘이 실렸다. 왜 그랬을까? 하층 귀족의 요동과 부르주아의 야망, 개신교 내부의 분파주의를 왕권 위협 요소로 인식했기 때문이었다. 더욱이 가톨릭 교회는 이미 상당한 부와 권력을 폴란드 귀족층에 양도한 상태였다. 교회의 토지와 성직자는 과세 대상이었다. 폴란드 귀족 가문 출신만 교회 고위직에 오를 수 있었으며 지역 영주가 교구 성직자 임명권을 갖고 있었다. 고로 폴란드 국왕에겐 개신교를 수용하고 싶을 만큼 강한 유혹이 없었다. 로버트 우스나우에 따르면, 폴란드 귀족은 "이미 교회를 충분히 통제하고 있었으므로 군이 개신교로 전향할 인센티브가 희박했다."[39]

'개신교' 전향파

이와 대조적으로 유럽의 여타 지역에서는 막대한 값어치의 교회 재산과 교회의 계속되는 금전적 갈취가 큰 유혹과 불만의 원인이 되었다. 헨리 4세가 눈밭에서 맨발로 교황 그레고리 7세를 기다리며 깨달았듯이 '단일 교회'가 존재하는 한 교황의 권위에 도전하는 것은 위험천만한 일이었다. 그러나 이제 루터교라는 종교적 정당성을 제공하는 대안 세력이 존재했으므로 파문은 공허한 위협이 되었다. 그래서 그토록 많은 독일 제후들이 루터 주위로 결집한 것이다. 제후들은 교회 재산을 압류함으로써(일부 지역에서는 교회 토지가 영지의 절반에 육박했다) 단박에 어마어마한 부를 획득했으며 자기 통제하에 있는 국교회로 유입되는 십일조와 상속 재산에서도 별도의 수입을 취했다. 물론 이미 교회 재산을 소유하고(비록 일부는 로마에 송금했지만) 교회 수입의 대부분을 거머쥐었던 독일의 주교-제후들prince-bishops에겐 해당 사항이 없었다. 독일의 주교-제후 중에 루터교를 선택한 자는 단 한 명도 없었다.

영국의 종교개혁의 경우 헨리 8세는 단 한 번도 개신교도인 적이 없었다. 헨리는 개신교의 핵심 교리에 상당히 반대하는 입장이었으며 루터파와 롤라드파를 계속 불에 태워 죽였다! 고로 헨리는 신학적 동기를 내세워 가식을 떨 만한 처지가 아니었다. 그는 단지 교황이 아닌 자신을 수장으로 하는, (로마가 아닌) '영국의 가톨릭교회'를 선포했을 따름이었다. 수장령으로 헨리는 마음대로 아내를 취하거나 버리는 권한을 계속 누릴 수 있었다. 물론 자신의 교회 수장 자격에 시비를 거는 교회 관리들과 수도회 회원들을 그대로 둘 순 없었다. 헨리는 인적 청산을 하는 정도로 멈추지 않고 수도원과 수녀원까지 전부 해산해버렸다. 그렇게 해서 막대한 부를 거머쥐었다. 헨리의 하수인들은 성 토마스 베켓에게 헌정된 사원에서만 금 4,994온스(약 142킬로그램으로 현재 기준으로 대략 70억 원—편집자), 금도금 은제 4,425온스, 은 5,286온스, 수레 26대 분량의 기타 보화를 몰수했다. 당시 알려진 바로는 이것도 전체 압류 재산에 비하면 빙산의 일각이었다.[40] 실제로 그랬는데, 헨리가 초창기 압류분과 추후 압류한 수백만 파운드로부터 '매년' 거두어들인 수입은 (오늘날의 화폐 가치로)[41] 약 870억 파운드(2018년 6월 기준, 약 124조 원—편집자)에 달하는 것으로 추정된다.[42]

덴마크의 경우, 16세기 초 전체 농경지의 3분의 1에서 절반가량이 교회 소유였으며 교회를 제외한 모든 이가 교회에 십일조를 냈다(그중 상당액이 로마로 송금되었다). 교황은 또한 모든 교회의 인사 임명권을 갖고 있었다. 1534년 국왕으로 즉위한 크리스티안 3세는 열여덟 살에 보름스 의회에서 만난 루터에게 깊은 인상을 받았다. 이 사실 하나만으로 크리스티안은 순전히 종교적 관심에 따라 덴마크를 개신교 국가로 만들었다는 결론을 내려도 될 정도였다. 어쩌면 그랬을지도 모른다. 그러나 독일의 개신교 제후들의 교회 토지와 재산 압류도 크리스티안에게 깊은 인상을 남겼다. 일단 권좌에 오르자 그는 덴마크를 개신교 국가로 선포하고 즉각 교회의 전 재산을 몰수하여 십일조 수입을 왕실 국고로 돌렸다. 물론 그는 종교적 동기에서 그렇게 했다고 말한다. 그리고 실제로 그랬을지도 모른다. 그러나 그는 교회 재산을 신설 루터교회의 수중에 둘 수도 있었으나 그리 하지 않았다.

한편 스웨덴은 구스타프 바사가 스웨덴에서 덴마크인을 몰아내고 1528년 구스타프 1세로 공식 즉위하여 덴마크에 대한 항거에 성공했다. 여기서도 역시 교회는 도전받지 않는 권위와 엄청난 부를 누렸다. 신임 국왕이 비협조적인 대주교를 해임하고 공석이던 네 개의 주교직에 후임을 천거하자 교황은 해임된 대주교를 지지하며 구스타프가 천거한 자들을 거부했다. 이러한 모욕에 자금 압박까지 더해지자 왕은 스웨덴을 개신교 국가로 선포하고 "교회의 소유와 수입원"[43]을 몰수하여 두 가지 고민을 일거에 해결했다. 구스타프는 귀족층의 지지를 공고히 하려는 목적으로 강탈한 교회 토지 일부를 귀족층에게 헐값으로 양도했다. 그럼에도 구스타브가 보유한 교회 토지로 인해 왕실 영지는 네 배로 늘었다.[44]

더욱이 교회 토지 몰수와 교권 제한은 종종 일반 시민들의 이해와도 부합했다. 가령 65개의 '제국자유도시'Free Imperial Cities(지역 영주의 지배로부터 자유롭고 신성로마황제에게는 아주 형식적인 보고

의무만 가진다고 해서 이렇게 불렀다)는 세금을 내지 않는 방대한 교회 영지 때문에 추가 부담을 짊어지고 있었다. 아울러 다수의 성직자와 수도회 회원은 시민에게 부과되는 여러 의무를 이행하지 않았으므로, 이 역시 시민에게 큰 부담으로 작용했다. 대부분 제국자유도시에서 최소 3분의 1의 영지가 교회 소유였고 주민의 최대 10분의 1이 성직자나 수도회 회원이었다.[45] 교회의 막강한 세력 때문에 거의 모든 도시에서 교회와 도시 사이에는 심각한 특혜 시비가 끊이질 않았다.[46] 성직자는 일체의 세금을 면제받았고, 지역 사제, 수도사, 수녀는 판매세도 내지 않았다(대부분 도시에서는 와인이나 맥주 같은 소비재에 판매세가 부과되던 시기였다). 이로 인해 시민의 원성이 자자했다. 교회를 제외한 모든 이가 토지세(재산세)를 냈는데 교회는 여기에도 면제를 받았다. 게다가 교회에는 모두가 십일조를 내야만 했다.

시민은 범죄 혐의로 고발당하면 지역 재판소에서 재판을 받고 자칫하면 사형을 당할 수도 있었다(그 시대에는 사소한 범죄로도 처형되는 일이 종종 있었다). 그런데 사제, 수도사, 수녀는 어떤 범죄를 저질러도 종교 재판소에서만 재판을 받았고 사형은 물론 중형조차 선고받지 않았다. 살인범에게 수년간의 금식형을 선고하는 일도 빈번했다. 성직자나 수도회 회원은 건장한 남자라면 응당 순번제로 감당하는 성벽 야간경비 의무도 이행하지 않았다. 고로 이런 도시에 사는 일반 시민 입장에서는 도시가 개신교화 되는 것이 자신의 이해에 부합했다. 실제로 이런 도시의 3분의 2 정도가 개신

교를 택했다.[47]

요약하자면, 누가 개신교가 되고 누가 가톨릭에 잔류할 것인가를 결정하는 기로에서 비중 있는 역할을 한 것은 자기 이익이었다.

제한적 군주제

종교개혁이 '왕권 신성론'을 불식함으로써 왕실 권위의 토대가 전적으로 세속적임을 드러냈다고 주장하는 이들이 많다. 종교개혁 이전에는 "군주의 권위는 신으로부터 받은 것이라는 믿음이 중세 로마 가톨릭 통치관의 핵심이었다"[48]라는 것이다. 개신교 군주들은 교회 엘리트층의 지지가 부족하여 의회를 지지기반으로 삼을 수밖에 없었고, 그 결과 군주의 권력을 의회와 공유하게 되었다고 자레드 루빈은 역설한다.[49] 그러니까 종교개혁이 제한적 군주제라는 새 시대의 서막을 열었다는 것이다.

하지만 이는 말도 안 되는 소리다. 교회는 한 번도 왕권이 신성하다는 개념을 시인한 적이 없었다. 그 개념을 처음 선포한 이는 개신교도였던 영국 국왕 제임스 1세(1566-1625)였다(킹제임스성경은 그의 이름을 따라 지은 것이다). 오히려 가톨릭교회는 자신의 권위가 군주의 권위보다 늘 우위에 있다고 주장했다. 성 어거스틴부터 토마스 아퀴나스까지, 위대한 교회 신학자들은 하나같이 국가의 도덕적 권위를 부인하고 폭군을 정죄함으로써 폭군 전복에 정당성을 부여했다. 더욱이 교회는 어떤 종교개혁이 일어나기 훨씬 전부터, 그리고 영국 주교들이 규합하여 존 국왕에게 마그나 카르타에 서명을 강요한 1215년 이전부터, 이탈리아의 도시국가에서 서서히 발전한 제한적 민주주의를 편하게 받아들였다. 마침내 국가뿐 아니라 교회까지 통제하게 된 여러 '개신교' 군주들은 종교개혁 이전의 선대 군주들보다 훨씬 큰 권력을 가질 수 있었다. 실제로 루터는 "중앙집권화된 강력한 국가와 절대 군주제의 발전"을 전폭적으로 지지했다.[50]

이제 더 상세하게 살펴보자. 어거스틴은 410년경에 쓴 역작 《하나님의 도성》에서 국가는 사회질서 확립에 필수적이지만 여전히 근본적 당위성을 갖지는 못한다는 생각을 드러냈다.

왕국이 큰 도둑질이 아니면 무엇이겠는가? 소왕국이 실은 도둑이 아니면 무엇이겠는가? 도당은 백성들로 구성되어 있고 제후의 권위로 지배되며 연방 협약으로 결속을 유지한다. 전리품은 법적 합의에 따라 분할한다. 만약 무기력한 사람들의 인정으로 이 악*이 지역을 장악하고 거처를 확정하고 도시를 차지하고 여러 민족을 정복하는 데까지 세를 확장한다면 더 노골적으로 왕국이라는 이름을 내걸 것이다. 이제 탐심의 제거가 아닌 면책 impunity의 확장으로 더 뚜렷하게 왕국의 실체가 부여되었기 때문이다. 이것이 바로 알렉산더 대제에게 생포된 해적의 진실한 대답이 의미하는 바였다. 바다를 무단 점유하는 것이 무슨 의미가 있느냐는 알렉산더의 질문에 당돌하게도 이 해적은 이렇게 당당하게 대답했다. "당신이 온 땅을 장악하는 것과 같은 의미죠. 전 쪼잔한 배 한 척을 가지고 하니까 도적이라고 부르는 것이고, 왕은 큰 함선을 가지고 하니까 황제라는 품격이 생기는 겁니다."[51]

이 "충격적 사실주의"[52]는 종종 독자들을 놀라고 당황하게 한다. 그러나 저자의 엄청난 권위로 이 시각은 추후 기독교의 정치적 감성 형성에 영원한 족적을 남긴다. 기독교 작가들은 국가를 자유화하거나 심지어 군주제를 폐지하자는 제안조차 죄악시할 수 없었다. 더욱이 교회가 왕권의 세속성을 인정했기에 세속 권력의 근거를 검토하고 권리와 통치를 흥정하는 일이 가능해졌다. 14세기 후반에 존 위클리프는 왕이 하나님의 택정에 따라 신권 통치를 한다는 주장은 하나님이 폭군의 죄를 긍정하고 조력했다는 말이 되므로 "신성모독적 결론"[53]이라고 역설했다. 고로 폭군을 몰아내는 것은 죄가 아니라는 것이다.

이 부분은 1세기 전에 토마스 아퀴나스가 다소 마지못해 인정한 감이 있지만 이미 그렇게 말한 적이 있다. 아퀴나스는 저서《왕권에 관하여》*On Kingship*에서 폭군을 제거하려다 자칫 더 악한 폭정을 일으킬 수도 있다면서 폭군 제거의 위험성을 경고하며 이런 말을 했다. "만일 어떤 무리가 왕을 추대하는 것이 권리에 해당한다면, 그 동일한 무리가 (권력을 남용하며 폭정을 일삼는) 왕을 폐위시키거나 그 권력을 제한하는 것도 불의는 아니다." 그러나 아퀴나스는 "한 왕의 지배를 받던 무리가 폭군의 손아귀로 떨어지는 것을 막으려면 주도면밀하게 계획을 세워야 한다"고 조언했다.[54] 이것이야말로 많은 유럽령에서 교회의 전폭적 지지하에 다양한 형태로 일어난 일이었다.

영국의 경우 1215년 템플 기사단 수장들과 주교 전원을 비롯한 교회 관리들이 귀족들과 연대하여 존 국왕에게 마그나 카르타를 강제했고, 이로써 왕실의 권력은 크게 제한되었다. 이와 거의 비슷한 시기에 베네치아, 제노바, 플로렌스, 밀란 등의 몇몇 이탈리아 도시국가에서는 공화정 형태의 정부가 출현했다. 각 정부는 다양한 길드의 회원들에게 참정권을 제공하는 등 폭넓은 참정권을 토대로 선출된 의회를 기반으로 통치했다. 이 모든 경우에 교회는 변화를 지지하고 주창하는 데 적극 가담했다(실제로 교회는 종종 투표권을 확장하기 위해 정계로 진출했다).

물론 유럽 대부분 지역은 여전히 왕과 제후의 통치 아래 있었다. 그러나 중세 군주의 고해신부와 자문관 역할을 겸했던 성직자들이 권력을 제한하는 역할을 했다. 탁월한 정보 제공력에 소통 채널 역할까지 겸했던 성직자의 역할은 위력적이었다. 궁정 성직자는 유럽의 전 귀족층을 아우르는 성직자 인맥을 통해 다른 채널로는 입수할 수 없는 잠재적 정적의 인성, 목표, 의도, 자원 등의 정보(타지에서 동일한 역할로 섬기는 성직자가 제공하는 첩보)를 제공할 수 있었다. 더욱이 성직자들은 중재자 역할을 감당할 역량도 갖추었고 또 실제로 그리했다(전쟁 방지를 위해 그들이 영향력을 행사하는 일이 빈번했다). 저명한 그레고리 7세$_{1020-85}$를 비롯한 몇몇 교황은 봉건 제후들에게 '하나님의 휴전停戰'을 시행하는 일에 발 벗고 나섰다.

성직자의 고해신부 역할 또한 큰 의미가 있었다. 죄 사면 여부 를 결정할 힘을 가졌던 고해신부는 종종 죄 짓고도 처벌을 면했 던 군주들에게 도덕적 경계선이 되었다. 고해신부들은 심각한 과 오에 대해서는 사면 조건으로 성지순례를 요구했다. 이러한 귀족 의 순례가 증가해 한때는 성지 순례자의 수가 크게 늘기도 했다. 가장 참람한 죄를 저지른 자들도 순례 여정에 올랐고 더러는 여정 내내 맨발로 걷기도 했다. 혈기왕성하며 본능에 충실했던 앙주의 백작, 풀크 3세$_{972-1040}$는 네 차례의 예루살렘 순례를 처방받았고 마지막 순례를 마치고 귀국하던 도중 객사했다. 요는 교회가 중세 군주의 권력에 중대한 제한자 역할을 했다는 것이다. 헨리 8세가 그들 때문에 이혼을 하지 못할 정도였다.

하지만 군주가 국교의 수장이 되자 이러한 제한이 사라졌다. 이제 누가 감히 헨리 8세에게 이혼하면 안 된다고 말할 수 있겠는 가? 이제 누가 감히 자국의 루터 국교회 수장이기도 한 독일 제후 에게 당신의 영혼이 사망의 위험에 처했다고 말할 수 있겠는가? 사실 마르틴 루터는 바로 이 점을 강조했다. "세속 정부는 하나님 이 제정하신 제도이며 로마 교황이 세속적인 것에 대해서도 특 별한 통치권을 가진다는 주장은 하나님이 세속의 위정자에게 위 임하신 권력을 찬탈하는 것과 같다."[55] "루터의 정치 사상의 출발

점은 하나님이 위정자에게 관직을 부여했고 하나님이 세운 위정
자를 거역하는 것은 하나님을 거역하는 것과 다름없다는 생각이
다."[56] 어느 교황이 여기에 동조하겠는가?

국교회의 교회 통제는 군주의 권력을 크게 강화했다. 군주는
이 통제권 덕분에 교회 재산에 자유자재로 접근할 수 있었을 뿐
아니라 국가 권력을 교회의 유익을 위해 사용할 수 있었고 또 실
제로 그리했다. 2장에서 우리는 교회 출석의 의무화를 비롯하여
경건 행위를 의무화하는 법령을 살펴볼 것이다. 군주는 또한 교회
수장 지위를 남용하여 자신이 하나님에 버금가는 존재라고 주장
하며 스스로 정당성을 과장했다. 1665년 덴마크-노르웨이 왕국
의 최초 성문헌법에는 이런 내용이 실려 있다.

이날부터 모든 피통치자는 [군주를] 인간의 제반 법 위에 서 있으
며 영육 간의 문제에서 그 인격 위에 하나님 한 분 외 어떤 재판
관도 없는, 가장 완벽하고 지고한 인간으로 간주하고 존경해야
한다.[57]

이 헌법은 왕이 일종의 의회 기구인 '지역 공의회'Council of the
Realm를 폐지하고 여타 모든 권력의 구심점을 철폐하도록 권위를
부여했다. 이것을 어찌 '제한적' 군주제라고 하겠는가?

이보다 12년 앞서 브란덴부르크 의회는 마지막 회의에서 프리
드리히 빌헬름 대선제후大選帝侯에게 의회 동의 없이도 세금을 인상

할 수 있는 권한을 부여했다. 세기 말, 스웨덴 국왕 카를 11세는 '전권'을 획득했다. 1718년 카를 11세의 아들이 사망한 후 의회 통치 체제가 다시 도입되었지만 1771년 구스타프 3세가 다시 전권을 장악했다.

요약하겠다. 종교개혁의 결과에 관한 세 가지 커다란 신화의 실체가 드러났다. 종교개혁으로 장의자가 가득 차거나, 대중이 일관된 기독교 신념을 가진 신자로 회심한 것은 아니었다. 대다수는 여전히 교회를 멀리했고 그들의 신념에는 기독교와 이교가 혼재되어 있었다. 군주들이 종교개혁을 수용하거나 가톨릭에 남기로 결정한 주요 근거는 종교적인 것이 아니라 자기 이익에서 찾을 수 있었다. 헨리 8세는 바라던 대로 이혼했을 뿐 아니라 수도원 약탈로 믿기 어려울 정도로 막대한 부를 획득했다. 이러한 양상은 왕과 제후가 루터교 채택을 선포하고 교회의 부를 몰수한 북유럽 전역에서 일어났다. 반대로 프랑스 왕과 신성로마황제는 이미 교회에 상당한 통제권을 행사하고 교회 재산을 공유하고 있었다. 종교개혁으로 군주는 위정자나 개인 자격으로 교회에 보고할 필요가 없어졌고, 이로써 군주의 절대권력은 크게 강화되었다.

2

종교개혁의
불운한 결과들

(헨리 8세를 제외하고) 종교개혁 지도자들이 겪었던 개인적인 시련을 생각한다면, 그들은 신앙생활에서 사상의 자유가 필수적이며 신앙은 양심의 문제인 고로 관용책을 써야 한다고 주장했을 것만 같다. 분명 마르틴 루터가 보름스 의회에서 했던 증언에 나온 그 유명한 맺음말은 이 부분을 강하게 암시한다. "나는 어떤 것도 취소할 수 없고 취소하지도 않을 것입니다. 양심을 거스르는 일은 바르지도 안전하지도 않기 때문입니다. 이제 여기 내가 섰으니 달리 행할 수 없습니다. 하나님 나를 도우소서. 아멘."

실제로 초창기에 루터는 종교의 자유를 지지하면서 세속 정부는 반드시 "사람들이 … 원하는 바를 믿도록 허용해야 하며, 이 문제에서 그 누구에게도 강압을 사용해선 안 된다"[1]라고 썼다. 안타깝게도 루터가 이런 식으로 생각한 것은 그가 파문당한 후 사회적 약자였을 때뿐이었다. 일단 루터파 교회의 지위가 확고해지자 루터 역시 여느 종교개혁 지도자들과 마찬가지로 자신과 의견을 같이하는 사람에게만 양심의 자유가 있다고 믿었다.[2] 잔혹하고 억압적인 편견은 다양한 종교개혁 사건의 전형적인 특징이었다. 역대 역사가들이 여기에 상대적으로 침묵한 것은 수치스러운 일이다. 물론 역사가들이 종교개혁에서 비롯된 여러 종교 전쟁과 그 야만성을 충분히 다루긴 했지만, 그건 전쟁을 다룬 것이지 국내 정책을 다룬 건 아니었다.

이와 대조적으로 북유럽 루터파 국교회들이 보인 놀랄 만한 억압성에 관한 출간물은 도무지 찾을 수가 없다. 가령 스칸디나비아 지역의 루터파 교회사를 다루는 숱한 책과 에세이를 보면 19세기의 제한적 '종교의 자유'를 환영하면서도 이전 세기의 종교적 자유의 절대적 결여에 관해서는 상세한 내용을 소개하지 않는다(모든 이가 법으로 교회 출석과 성찬 참여를 강요받았다는 사실은 언급조차 하지 않는다).[3] 이 단락을 쓸 정도가 되는 자료를 확보하는 데도 무려 20권이 넘는 책을 참조하며 여기저기 산발적으로 나온 문장들을 꿰 나가야 했다. 이는 앞으로 고찰할 영국 국교회의 유사한 억압 행태를 조사하는 작업만큼 어려웠다. 더 충격적인 사실은 심지어 독일에서조차 종교개혁과 관련해 반유대주의와 홀로코스트로 귀결된 여러 재앙 간의 상관관계에 대한 출간물이 거의 없다는 사실이다. 심지어 이런 일은 아예 없었던 것처럼 얼버무리는 글도 많았다. 본 장에서 나는 간략하게나마 이 빈 구멍을 메우려는 시도를 해보려고 한다.

억압적 국교회

세 종교개혁 모두 국교회(국가수반이 다스리며 민간 정부가 집행하는 법으로 유지되는 독점적 기구)의 탄생으로 이어졌다. 반면 국가의 통제 아래로 들어갈 의향이 없었던 로마 가톨릭교회는 개인의 경건 행위를 법으로 강제할 만한 위치에 있었던 적이 한 번도 없었다. 어쩌면 그런 시도를 하기에는 너무 세련되었는지도 모른다. 그러나 종교개혁으로 수립된 국교회들은 정확히 그 일을 하려고 나섰다. 이제 대중은 스스로 원하든 원치 않든 독실한 신자가 되어야 했다!

루터파 국교회

처음부터 루터를 지지했던 독일 제후들은 다시는 종교 지도자의 착취나 호령을 받는 처지에 놓이지 않으려 했다. 그래서 그들은 교회와 국가를 둘 다 지배하려 들었다. 이런 면에서 그들은 마르틴 루터의 열렬한 지지를 받았다.

"개신교를 수용한 독일 제후들에게 마르틴 루터가 해준 조언은, 백성이 오직 인가받은 설교자들의 말만 듣고 그 신앙적 가르침에 복종하도록 강제하라는 것이었다."[4] 1541년 루터는 "하나님 앞에서 [종교적] 관용을 정당화할 어떤 근거도 생각할 수 없었다."[5]

라고 썼다. 실제로 루터뿐 아니라 칼빈과 마르틴 부처와 같은 칼
빈의 동지들은, 어쩌면 헨리 8세조차, "분열된 교회는 생각조차 하
지 못했다."[6]

따라서 루터파 국교회의 설립은 종교의 자유를 가져다주지 않
았다. 단지 독점적 로마 가톨릭교회를 간판만 바꾼 독점적 교회들
로 대체했을 뿐이었다. 더욱이 교회를 지배하는 데 머무르지 않고
법적 강요를 동원할 수 있는 위치에 있던 독일 제후들은 곧 개인
의 종교성에 이러저러한 주문을 하며 개입하기 시작했다. 이내 일
정 수준의 교회 출석과 성찬 참여, 유아 세례를 의무화하는 법이
독일 루터파 지역 전체에서 제정되었다. 모든 종교적 불복종자와
함께 특별히 유대인을 배제하는 법도 제정되기 시작했다. 실제로
헤센의 필립 방백은 영지 내 유대인의 기독교 예배 출석을 의무화
하는 조치까지 단행했다.[7]

개인 경건을 강제하려는 시도는 곧 스칸디나비아 지역으로까
지 확산했다. 구스타프 1세가 스웨덴 국교회를 창설한 지 수년 후
모든 주민이 루터파 국교회에 소속되어야 한다는 법이 제정되었다.

> 루터교 신앙을 버린 자들에 대한 처벌은 … 유배와 상속권의 박
> 탈이었다. … 이 법의 적용을 받지 않는 유일한 집단은 외국 대
> 사들뿐이었다. … 1624년 가톨릭으로 개종한 스웨덴인 두 명은
> 스톡홀름에서 처형당했다.[8]

그러나 '복음주의루터국교회'에 소속된 것만으로는 부족했다. 이내 꾸준한 교회 출석을 의무화하는 법이 제정되었다. 원거리(특히 북부) 거주자나 겨울철에는 출석률이 다소 미진해도 정상참작을 해주었다. 후에 국왕 카를 11세[1655-97]는 "사람들이 빠짐없이 교회에 있는 것을 확인하기 위해 일요일마다 신성한 예배 시간에 군사들을 거리에 배치했다."[9] 아울러 1686년에 제정된 교회법은 모든 스웨덴인이 1년에 3번 성찬을 받도록 명시했다.[10] 미수찬자는 결혼할 수 없었고 '이주증'(스웨덴 내에서 거주지를 이전하거나 여행할 때 필요한 국내용 여권)[11]을 발급받을 수 없었다. 1726년 스웨덴은 루터교 사제가 참석하지 않고 세 명 이상이 기도나 성경 공부를 위해 모이는 것을 금지하는 비밀집회 금지법을 도입했다. 이 법은 반대자들의 단체 결성을 미연에 방지하는 데 목적이 있었다.[12]

(당시 단일 왕국이었던) 노르웨이와 덴마크에서도 상황은 별반 다르지 않았다. 루터교인이 되지 않으면 시민권 획득이 불가능했다. 1735년 국왕은 안식일법을 제정했다. "일요일에는 어떤 오락도 허용하지 않았으며 교회에 가지 않은 사람에게는 벌금을 부과했다. 법 제정 후 얼마 지나지 않아 왕실 극장이 문을 닫다."[13] 1736년 모든 시민의 세례, 견진, 결혼, 장례를 교회 예식으로 치르는 것이 의무화되었다. 1741년 덴마크는 스웨덴의 뒤를 이어 비밀집회 금지법을 도입했다.[14]

칼빈파 국교회

법을 이용하여 경건을 강요하는 루터파 국교회의 이러한 시도는 칼빈이 있던 제네바에 비하면 아무것도 아니었다.[15]

일요일 오전 예배 출석은 의무였다. 더욱이 주중에 설교가 있으면(통상 수차례 있었다) 이 또한 출석이 법적 의무였다. 교회 지각은 벌금형에 해당했다. 칼빈이나 성직자를 깎아내리는 발언은 징역형이나 강제 출국형에 해당하는 범죄였다. 의복 색깔과 수량, 그리고 식사 때 내놓을 수 있는 음식 가짓수도 법적으로 제한되었다. 도박, 카드놀이, (술집도 없었지만) 잦은 술집 출입, 불량하거나 비종교적인 노래를 부르는 것 역시 모두 금지되었다.

'겸손치 못한' 차림새 역시 불법이었다. '비도덕적 높이'로 올림머리를 한 여자가 투옥되는 일도 있었다. 아이들 이름은 구약 인물로만 지을 수 있었다. 혼외 성관계는 유배나 익사형으로 처벌했다(실제 처벌 사례들도 있었다). 불륜은 무조건 사형으로 처벌할 것을 법으로 정했으며 칼빈의 수양딸과 사위도 이 혐의로 처형되었다. 신성모독과 우상숭배는 사형으로 다스렸다. 부모를 때린 아동이 처형당한 일도 있었다. 경건을 강제 집행하기 위한 이런 맹렬한 접근에도 불구하고 거듭된 처벌이 입증하듯 그 효과는 제한적이었던 것으로 보인다.

이와 놀라운 대조를 이루는 것이 종교적 자유와 관용을 공식 정책으로 선택한 네덜란드 공화국의 칼빈파다(아마도 유럽의 종파적 경계를 넘나들며 얻는 상업적 유익도 고려사항에 있었을 것이다). 그들은 루터파, 재세례파, 유대인까지 환영했다.

영국 국교회

1536년 수장령에 의해 헨리 8세와 후속 군주들이 영국 국교회의 우두머리가 되었다. 북부 루터파 지역과 마찬가지로 왕실은 국교회 수립으로(특히 '수도원 해산령'으로) 가톨릭교회로부터 막대한 부와 토지를 강탈했다. 그리고 교회의 우두머리인 헨리 8세는 가톨릭, 루터파, 재세례파와 여타의 다양한 종교적 반대자를 처형했다. 하지만 헨리는 개인 경건을 법제화하려는 노력은 일절 하지 않았다. 그 일은 헨리의 딸이 했다.

1559년 5월 8일 엘리자베스 1세는 4월 29일 의회에서 통과된 통일령統一令을 비준했다. 이 법령의 주목적은 모든 영국 성직자들이 《성공회기도서: 공동 기도와 성사 집전에 관한 책》*Book of Common Prayer and Administration of Sacraments*을 사용하도록 법으로 강제하는 것이었다. 아울러 이 법령에는 누구든 어떤 식으로든 이 책을 폄하하거나 심지어 비판만 해도 벌금형이나 징역형에 처한다는 조항이 포함되어 있었다. 게다가 법조문 저 깊숙이에는 모든 사람이 교회에 정기적으로 출석해야 한다는 의무 조항도 들어 있었다.

본토나 폐하의 다른 모든 자치령 내에 거주하는 모든 사람과 모든 민족은 합법적이고 합리적인 결석 사유가 없는 한 성실하고 신실하게 개교회나 채플에 출석하려고 스스로 노력해야 한다. … 매 일요일과 과거 성일로 정하여 지켜온 날에 출석하여 그때 그 자리에서 질서정연하게 … 맑은 정신으로 공동 기도, 설교, 여타 예배에 임해야 한다. … 모든 위반자에 대하여 1회 위반할 때마다 12펜스를 징수하도록 한다.[16] [1559년 당시 12펜스는 대략 전문 직공의 2주치 임금이었다.]

이 법이 이중으로 억압적이었던 이유는 매우 저조했던 교회 출석률(1장 참조)을 개선하려는 목적과 함께, 비가톨릭 예배를 기피하리라 예상되는 가톨릭의 국교거부자recusant를 색출하려는 의도가 깔려 있었기 때문이었다.

종교개혁을 다룬 주요 역사서들이 영국 국교회의 이러한 법 조항을 못 본 척하는 것은 별로 놀라운 일이 아니다. 사실 루터파 국가에서 훨씬 광범위하게 진행되었던 '경건 강요법'에 대해서도 역시 모른 척했기 때문이다. 그러나 영국 교회사에 관한 근래 저작들 역시 이런 법들을 짧막하게만 다뤘다는 것은 이상한 일이다. 2015년 출간된 헤르베 픽톤Hervé Picton의 역작은 엘리자베스가 교회에 미친 영향을 여러 방면에서 다루었지만, 이 법은 건너뛰었다. 다행히도 나는 클리브 필드Clive D. Field가 이 주제에 관해 최근에 쓴 훌륭한 학술 논문을 발견했다.[17] 필드의 논문을 보면 학자들이 왜 영국인의 교회 출석 강요법을 애써 외면했는지, 어쩌면 가장 결정적인 이유를 알 수 있다. 바로 그 시도가 무참하게 실패했기 때문이었다.

이 법에 대한 불복종이 너무나 대대적이고 만연하여 실제로 법 집행 시도는 거의 이뤄지지 않았다. 한 저명한 목사는 "여러 마을에서 주일에 예배당으로 나오는 사람은 스무 명 중 한 명꼴도 안 된다"[18]고 푸념했다. 법을 어겨 고발당한 소수의 사람은 지역의 대다수 주민이 똑같이 위반했는데 자기들만 처벌받는 것이 형평에 어긋난다고 호소했다. 고로 1599년 그레이트 바드필드의 윌리엄 소렐은 그가 고발된 시점에 "200명이 넘는 교구 주민 중 교회에 있던 사람은 20~40명이 채 되지 않았다"고 항변했다.[19]

마침내 1687년 4월 4일 제임스 2세는 신앙자유령Declaration of Indulgence을 반포했다.

교회에 오지 않거나 성사를 받지 않거나 기성 종교에 대한 어떤 불복종이나, 종류를 불문한 어떤 형식의 종교적 실천을 요하는, 교회적 사안에 관한 모든 종류의 형법 일체를 즉각 정지한다.[20]

그 시점부터 일요일을 "침대와 굴뚝 모퉁잇돌 사이에서 지내거나 거리와 들판을 배회하며(먹고 마시는 것은 말할 것도 없이)" 보내는 것이 합법화되었다.[21]

그러나 가톨릭교에 대해서는 이런 '자유령'이 없었다. 1559년과 1610년 사이에 "의회는 일련의 엄격한 형법 조례를 통과시켰다. … 이로 인해 가톨릭 전례 참여는 불법을 넘어 반역 행위까지 될 수 있었다. 가톨릭은 미사 참례, 전문직 진출, 공직 진출, 무기소지, 런던 반경 10마일 이내에 접근이 금지되었다. 온 나라에서 사제가 불법화되었고 사제를 은닉하는 자는 누구든지 사형에 처했다."[22]

근대적 유산

종교개혁이 '억압적인' 국교회로 귀결되었다는 사실은 역사적 관점에서 보면 단지 불운으로 치부할 일이 아니다. 국교회의 이런 결함은 여러 면에서 오늘날 유럽의 종교적 취약성의 원인이 되었다. 다원주의가 만연한 미국과 사하라 이남 아프리카 같은 지역에서는 매우 공세적이며 경쟁적인 종교 '기업'들로 가득한 종교 시장이 형성되었고, 그 결과 교회 출석률은 높아졌다. 반면 유럽 국교회는 게으르고 비효율적이며, 기본적인 성격과 교리마저도 국가의 심한 간섭 아래에 있다.

오래전 이 모든 사태를 예견한 사람이 있었다. 애덤 스미스는 국교회 성직자들이 결국 "나라에서 주는 봉록에 안주하는 한편 큰 무리의 신앙을 진작시키는 일은 [게을리할 것이며] 스스로 방자해져 … 어떤 열정적 수고를 감당할 능력을 완전히 상실할 것"[23]이라고 고찰했다. 그래서 초창기부터 영국 국교회와 루터파 국교회의 성직자들의 "무단결근이 만연했다."[24] 특히 농어촌 지역으로 발령받은 성직자 중에 무단결근이 많았다. 겨울철에는 아예 교회 문을 닫고 인근 도시에 거주하는 사제도 있었다. 더욱이 국교회였으므로 교리 문제에서도 국가 권력의 지배를 받았다. 여기서는 스칸디나비아 국교회에 초점을 맞추는 것이 좋겠다.

루터파 국교회는 덴마크, 핀란드, 아이슬란드, 노르웨이에 있다. 스웨덴 국교회는 2006년에 기득권을 상실했지만, 그 후로도 스웨덴 정부가 교회를 대신하여 종교세를 계속 징수한다. (스웨덴 교회를 비롯한) 국교회 성직자는 공무원 신분이며 노조에 속해 파업권을 가진다. 이들을 해고하기란 거의 불가능에 가깝다. 덴마크 교회의 한 사제는 자신이 무신론자임을 밝히는 책을 출간하여 국제적으로도 주목받았다. 그가 자국 일간지와 인터뷰에서 한 말이다. "하나님은 과거에 속해 있다. 하나님은 실제로 너무 고리타분하여 하나님의 존재를 믿는 현대인을 보면 의아한 생각이 든다. 나는 기적과 영생에 관한 공허한 말을 듣는 것에 완전히 신물이 났다."[25] 청문회 후에도 이 사제는 다시 교회 강대상으로 복귀했다.

공무원 신분인 루터파 사제들은 월급이 헌금 수입과 무관하므로 출석이 저조해도 염려하지 않는다(출석률은 매주 2-3퍼센트 수준이다). 국가가 나서서 교회에 새로운 교리를 강요해도 사제들은 어떤 의미 있는 저항도 하지 않았다. 수년간 스웨덴의 교회부 장관을 역임한 알바 뮈르달은 유명한 경제학자인 군나르 뮈르달의

아내이며, 본인 역시 유명한 좌파 경제학자에 비신자였다. 1972
년 알바 뮈르달은 '통상적인 문화적 이유'로 새로운 신약 번역본
을 만들겠다면서 정부 위원회를 구성했다. 1981년에 발간된 신약
개역판은 가장 열렬한 지지자들조차 "널리 인정된 해석에 대한 파
격적 개정[들]을 담고 있으며 … 중요한 방면에서 성경 전통과 상
충할 것이 틀림없다"[26]고 인정할 정도였다. 개역판을 내면서 기적
부분을 제외했기 때문이다. 이 개역판은 정부 조례에 따라 스웨덴
국교회의 공식 성경이 되었다. 마찬가지로 덴마크에서는 의회가
주교들과 사전 상의 없이 국교회에 여성 목사를 허용했다.[27] 실제
로 스칸디나비아 정부 관리들은 (전 지역에서 거의 텅빈) 교회에 전
권을 행사한다.

영국 국교회는 근래 들어 국가 간섭이 훨씬 줄었지만, 성공회
교회 총회가 채택한 모든 조치는 의회 상하원 양원의 인준을 받
아야 한다. 스칸디나비아처럼 영국 국교회 성직자들 역시 노조화
되어 있다. 최근에 교회가 중범죄로 확정판결을 받은 한 성직자의
사제직을 박탈하자 사법제도의 오판 가능성을 들어 노조가 결정
취소를 강요했다. 또한 루터파 국교회처럼 영국 국교회 역시 출석
률 저조와 감소라는 문제를 안고 있다. 그러나 여성으로서 네 번
째로 주교로 임명된 사라 머랄리는 비록 페이스북 같은 통로를 통
해서라도 사람들은 계속 하나님을 만날 것이라면서 이 사태를 심
각하게 받아들일 필요가 없다고 동료들을 위로했다.[28]

여하튼 59개국을 대상으로 한 설문조사 자료를 근거로 두 경

제학자가 최근 조사한 바로는 국교회의 존재는 교회 출석률의 현저한 감소를 초래했다.[29]

증오와 불관용

　기독교는 증오와 불관용 분위기 속에서 태어났다. 로마인들은 해괴한 방식으로 그리스도인을 죽이는 일을 재미 삼아 했다. 초대 교회 회심자들은 콘스탄틴 황제가 그리스도인의 지위를 확고하게 보장하기까지 피비린내 나는 박해를 두 차례나 겪어야 했다. 로마 관리들에 따르면 그리스도인의 죄목은 '무신론'이었다. 그들은 유대인처럼 로마의 다양한 신들의 신성divinity을 인정하지 않았다. 모든 유일신 사상은 '한 하나님'에게 충성하면 다른 모든 신적 존재를 거절하는 것을 기본으로 삼는다. 일신교와 관련한 최초의 사건은 파라오 아멘호텝 4세가 이집트에 있는 여러 신의 신전을 다 폐쇄하고 오직 아텐만 숭배할 것을 요구한 일이었다.

　'유일한 신'이 있다면 '유일한 교회'도 가능하다는 것이 일반적인 논리였다. 그 결과 로마 교황을 수장으로 하는 기독 교회는 일단 충분한 권력을 얻게 되자 어떤 경쟁 상대도 용납하지 않았다. 이로 인해 '이단' 운동이 기승을 부릴 때마다 일련의 피비린내 나는 탄압이 있었다. 사실 루터교가 발덴시안, 카타르파 같은 집단과 결정적으로 달랐던 부분은 독일 제후들의 군사력에 있었다.

그러므로 그리스도인 간에 종교적 증오와 불관용을 처음으로 야기한 책임을 종교개혁에서 찾아서는 안 된다.

하지만 개신교 역시 관용과 관련해서는 자신이 당한 박해로부터 배운 바가 없기는 마찬가지였다. 차별점이라면 군사력으로 분쟁을 뒷받침하여 분쟁 수위와 지속 기간을 끌어올린 것이다(유럽의 종교전쟁은 수백 년이나 지속했다). 더욱이 이런 분쟁은 근대 들어 한참 후까지도 양편에서 지독한 편견과 차별을 야기했다.[30]

이에 더해 반유대주의라는 문제도 있다.

종교개혁과 유대인

종교개혁 이전에 유럽 유대인에게는 언제나 예수를 거부했다는 낙인이 따라다녔다(지역마다 편차는 있다). 그렇지만 심야에 게토 밖으로 나갈 수 없다거나 강제추방되는 등의 더 치욕적인 제한 조치들은 로마 가톨릭교회가 아니라 국가가 도입했다. 실제로 교회는 내가 이전 책에서 상세하게 살핀 것처럼[31] 반유대적 폭력을 막아주는 든든한 울타리였다.

교회는 강제 개종을 죄악시했으며, 종종 유대인에 대한 공격을 미연에 방지하고 그런 행위를 처벌하기 위해 조치를 취했다(반유대 공격이 일어나면 목숨을 걸고 지역의 유대인을 보호했던 사제들도 꽤 있었다). 이는 중세 유대 문헌과 근대 유대 역사가들이 누차 확증한 부분이다. 석학 로버트 차잔이 주목했듯이 유대인은 의혹의 대상이었고 여러 형태의 차별을 당했지만 "유대인이 기독교 사회 내에서 함께 살아가면서 그들의 종교적 의무를 다하도록 허용하는"[32] 것이 교회의 공식 정책이었다.

영국의 종교개혁은 유대인에게 아무런 여파가 없었다. 1290년 에드워드 1세가 유대인을 모두 추방한 후 1655년에 이르러서야 올리버 크롬웰이 유대인 입국을 허용했기 때문이었다(1829년이 되어서야 유대인의 영국 내 거주가 합법화된다!). 1846년 유대인에게 특수복 착용을 강요하는 법이 폐지되었다. 그리고 1858년에는 유대인의 의회 진출이 허용되었다. 이는 가톨릭 교인에게 옥스퍼드와 캠브리지 대학교 입학을 허용하는 일보다 10년이나 앞선 것이다.

존 칼빈은 다른 칼빈파 지도자들처럼 반유대주의자였다. 그러나 이미 1491년 제네바에서 유대인을 모조리 추방했으므로 실천 없는 말만 했다. 더욱이 칼빈의 유대인을 향한 적개심은 마르틴 루터의 지독한 반유대주의에 비하면 아무것도 아니었다.

루터의 반유대주의와 그 여파

루터파 신학교 교수인 미국의 석학 에릭 그리치[1931-2012]는 2012년에 역작 《마르틴 루터의 반유대주의》Martin Luther's Anti-Semitism에서 다음과 같이 유감을 표했다.

1956년 이래로 4~5년마다 모이는 국제루터연구대회ICLR는 여러 강좌와 세미나를 통해 '루터와 유대인'이라는 주제를 제외한 거의 모든 주제를 다루었다.[33]

그리치는 또한 이런 말을 했다. "독일 역사기술의 거두인 레오폴드 본 란케가 고전《종교개혁 시대의 독일사》*German History in the Age of Reformation*에서 유대인 박해를 다루면서도 유대인에 대한 루터의 태도에 대해서는 일언반구도 언급하지 않았다는 게 기가 막히다."

최근 루터의 반유대주의를 어물쩍 넘어가려고 한 일부 루터파 저자들이나, 루터의 반유대주의가 나치나 나치 지지에 어떤 영향도 미치지 않았다고 주장하는 이들과 달리,[34] 그리치는 유대인에 대한 루터의 날 선 공격을 진중하게 직면했을 뿐 아니라 어떻게 나치가 루터의 저술을 이용했는지를 평가한 책을 집필했다.

이에 앞서 그리치는《마르틴 루터의 기지》*The Wit of Martin Luther*를 비롯하여 루터에 관해 총 아홉 권의 책을 출간했다. 아홉 권 모두 미국의 복음주의루터교회ELC의 공식 출판사인 포트레스 프레스에서 출판되었다. 그러나 포트레스는 그리치의 마지막 책은 출간하지 않았다. 이 책은 네덜란드개혁교회DRC와 비공식적으로 연결되어 있는 어드만스가 출판했다. 그리치의 책에 대한 루터교 저자들의 미지근하고도 현학 일변도의 서평은 이런 흐름과 궤를 같이한다. 그리치의 책은 거의 관심을 끌지 못했다.

나 역시 그리치에 대한 루터파 평론가들의 반응과 전적으로 일치하는 경험을 했다. 바로 내 경력의 초입에, 미국에서 실시한 여론 조사[35]를 바탕으로 기독교 신앙이 반유대주의에 미친 영향을 연구하는 과정에서 가졌던 루터파 신학자들과의 만남에서였다. 난 이 프로젝트를 진행하는 과정에서 우연히 윌리엄 샤이러의 《제3제국의 흥망》에디터 역간을 읽었고 다음의 대목을 읽으면서 처음으로 마르틴 루터의 반유대주의에 눈을 뜨게 되었다.

> 나치 초창기에 대부분의 독일 개신교도가 보인 행동은 그들의 역사와 마르틴 루터의 영향력, 이 두 가지를 인지하지 않고서는 납득하기 어렵다. 개신교의 이 위대한 창시자는 열렬한 반유대주의자이면서 정치 권력에 대한 절대복종을 맹렬하게 신봉했다. 루터는 독일에서 유대인을 제거하길 원했다. 4세기 후 히틀러, 괴링, 히믈러가 루터의 조언을 문자 그대로 따랐다.[36]

반유대주의 프로젝트와 관련하여 접촉했던 저명한 루터파 신학자들에게 나는 이 사실을 거론했다. 그들은 샤이러가 이 부분을 과장했음이 주지하는 사실이라면서 하나같이 날 다독였다. 그러니까 루터의 반유대주의는 오랜 세월 잊힌 사실이며, 따라서 근대의 의견 형성에 영향을 미치지 않았다는 것이다. 나도 그렇게 믿었다. 하지만 그건 틀린 말이었다. 루터의 반유대주의는 유럽 유대계에 즉각 영향을 미쳤고, 수 세기 후 나치 치하 독일에서도 끔찍한 여파가 있었다.

마르틴 루터의《유대인과 그들의 거짓말에 관하여》

독일 종교개혁을 이끌었던 초창기만 해도 루터는 유대인에 대해 동정심을 많이 표현했다. 그는 기독교에서 교황이라는 왜곡된 요소를 척결한 자신의 기독교 브랜드로 유대인이 곧 개종하리라 믿었다. 1523년에 발표한 에세이 "예수 그리스도는 유대인으로 태어났다"에서 루터는 이렇게 역설했다.

> 우리의 지위에 대해 자랑하고픈 마음이 들 때마다 우리는 다만 이방인이었던 데 반해 유대인은 그리스도의 형상에 속한다는 사실을 상기해야 한다. 우리는 외국인이고 인척 관계지만 그들은 주님의 혈족이며 사촌이며 형제다. …
> 만약 우리가 진정으로 유대인을 돕길 원한다면 기독교적 사랑의 정신으로 그들을 대해야 한다. 우리는 유대인을 친절하게 환대해야 한다. … 만약 유대인 중에 더러 목이 뻣뻣한 자가 있다면 어찌해야 할까? 글쎄, 우리 자신도 그리 훌륭한 그리스도인은 아니지 않은가.

1538년 즈음에 루터는 유대인이 회심하지 않으리라고 깨달았다. 고로 루터는 "그[하나님]가 유대인을 버리셨으며 유대인은 더 이상 그의 백성이 될 수 없음이 분명하다"라고 썼다. 그 후 5년간 이 문제를 곱씹던 루터는 자신의 책《유대인과 그들의 거짓말에 관하여》*On the Jews and their lies*[37]를 소개하면서 "이토록 유해한 유대인의 활동에 반대하며 그리스도인에게 유대인을 경계할 것을 경고하고자 이 소책자를 썼다"라고 소개했다. 이 책은 역사상 발행된 어떤 반유대 서적보다 더 과격하고 선동적이다.

문제의 본질은 루터의 수사학적 질문 안에 있다. "이 버림받고 정죄받은 민족인 유대인을 우리 그리스도인이 어떻게 해야 할까?" 루터는 일곱 가지 행동 강령을 제시했다.

> 첫째, 그들의 회당과 학교를 불사른다. …
>
> 둘째, 유대인 주거지를 약탈하고 파괴할 것을 나는 권한다.
>
> 셋째, 유대인의 모든 기도집과 함께 우상숭배, 거짓말, 저주, 신성모독을 가르치는 탈무드 관련 저술을 그들로부터 빼앗을 것을 나는 권한다.
>
> 넷째, 이 시점부터 랍비의 가르침을 금하고, 이를 어길 시 목숨과 사지를 잃는 고통을 가할 것을 나는 권한다. …
>
> 다섯째, 유대인의 안전 통행권을 완전히 박탈할 것을 나는 권한다. 그들이 시골에 가야 할 이유가 없기 때문이다. …
>
> 여섯째, 유대인의 고리대금업 종사를 금지하고 그들이 보유한 모든 현금과 금과 은을 빼앗을 것을 나는 권한다. …
>
> 일곱째, 젊고 건강한 유대인 남녀의 손에 채찍과 도끼, 호미, 낫, 물레와 베틀을 쥐어 주고, 그들이 이마에 땀을 흘리면서 먹을 빵을 얻게 할 것을 나는 권한다. … 그러나 만약 그

들이 우리를 해코지할 것이 두렵다면. … 다른 나라의 상식을 본받아 … 이 나라에서 그들을 영구추방해야 한다.

적어도 루터는 '최후 해법'까지는 제안하지 않았다며 안도하고 싶은가? 루터는 "그들을 도륙한다고 해서 우리가 잘못을 범하는 건 아니다"라는 말도 했다.

여파

본 장을 쓰려고 필요한 자료를 조사하는 과정에서 나는 나치가 루터의 유대인 비판을 활용한 사실에 이토록 많은 사람이 침묵했다는 사실에 경악을 금치 못했고, 이 사실을 시인한 사람 중에는 변증론자가 압도적으로 많다는 사실에 또 한번 놀랐다. 내가 읽은 어떤 글에서는 나치가 인종주의적 반유대주의였던 반면, 루터는 '그저' 종교적 반유대주의자에 불과했다고 말한다.[38] 제임스 키틀슨[1941-2003]은 "루터는 근대적, 인종적 의미로 보자면 결코 반유대주의자였던 적이 없었다"[39]고 주장했다. 골자는 루터가 그리스도교로 개종한 유대인은 사면하고 용납하려 했으므로 루터가 제안한 유대인 대학살[pogrom]은 유대교를 고수하는 유대인에게만 적용되며, 나치는 사람의 혈통인 '인종'에만 관심이 있었고 회심의 가치나 유효성은 배제했다는 것이다. 나치의 시각으로는 당신의 부모가 아무리 훌륭한 루터교인이더라도 조부모가 유대인이라면 당신은 인종적으로 유대인이며 인종 정책의 적용을 받아야 한다. 하지만 루터라면 당신을 사면했을 것이다.

그게 사실이라고 치자. 그렇더라도 회심하지 않은 유대인에 대하여 루터가 제안한 바와 회심자가 거의 없거나 전무하리라는 루터의 신념에 관해서는 굉장히 적게 다뤄진 듯하다. 아울러 이 정도의 차이는 나치가 루터를 자기들 편으로 내세우며 대대적인 선전전을 벌이는 것까진 막지 못했다.

루터를 위한 두 번째 변명은 루터로부터 히틀러로 이어지는 지적 계보를 형성하는 연계성을 찾아볼 수 없으므로 전자가 후자를 초래하지 않았다는 것이다. 이런 주장을 펴는 이들은 19세기 초의 악명높은 반유대주의자들이, 심지어 독일에 있는 자들조차 루터를 거론하지 않았음을 지적한다. 우베 시몬-네토는 루터의 저작을 발굴해내기 전부터 나치는 반유대주의자였다는 논리를 폈다. 마르틴 루터 때문에 히틀러가 출현했다거나 그로 인해 히틀러의 행동대장들이 반유대주의자가 되었다고 주장한 학자들은 물론 없다. 여기서 논점은 유대인에 관한 나치의 주장에 신뢰성을 더하는 일에 루터의 반유대주의가 일조했는가에 있다. 즉, 나치는 루터의 반유대주의를 효과적으로 악용했는가? 탁월한 선전가였던 나치는 모든 독일인이 적어도 유대인에 관해서는 루터가 자기들 편이었음을 충분히 인지하게 했다. 어쩌면 더 중요한 사실은 대표적인 루터파 성직자들이 루터와 유대인에 관한 나치의 주장을 확중하고 공인했다는 데 있었다.

나치당은 1933년 마르틴 루터 탄생 450주년을 맞아 루터파 교회에서 열린 숱한 기념행사와 별도로 여러 기념행사를 거행했다. 이 중 한 행사에서 나치 유명인사인 에릭 코치가 히틀러와 루터를 비교하는 연설을 하며 나치가 루터의 정신으로 투쟁했다고 주장했다.[40] 얼마 후 나치는 유대인에 관한 루터의 소책자를 재인쇄하여 배포와 홍보에 열을 올렸다. 나치는 뉘른베르크에서 열린 연례정당대회 때마다 유리함 속에 루터 저서를 넣어 전시했다. 1937년 나치 신문 〈데어 슈튀르머〉*Der Stürmer*의 편집장, 율리우스 슈트라이허의 생일날, 시정부는 엄청난 선전전과 언론 보도를 하면서 슈트라이허에게 루터의 책《유대인과 그들의 거짓말에 관하여》초판본을 선물했다. 입이 귀에 걸린 슈트라이허는 루터의 저작은 이제껏 쓰인 어떤 책보다 더 급진적으로 반유대적이라고 말했다. '최종 해결책'(나치의 계획적인 유대인 학살 계획―편집자)을 지휘하게 될 하인리히 히믈러는 1940년에 "루터가 유대인에 관하여 말하고 쓴 내용을 보면 그 예리한 판단력을 따라올 자가 없음을 알 수 있다"[41]라고 예찬하는 글을 썼다.

상당수의 루터파 성직자들은 히틀러와 그의 반유대주의 사상을 초기부터 열렬히 지지했다. 1933년 히틀러가 독일 총통으로 즉위한 지 얼마 지나지 않아 저명한 루터파 학회 교수이자 회장인 폴 알트하우스는, 나치의 승리가 "하나님의 선물이자 기적"이라고 환영했다.[42]

저명한 루터파 신학자 볼프 메이어 에를라흐는 1937년 출간된 《유대인, 수도사, 루터》*Jews, Monks, and Luther*에서 유대인을 "끝도 없는 마귀의 군대"라고 규정하고, 나치당을 유대인에 대한 루터의 계획이 '완성'된 것이라고 환영했다.[43]

1941년 12월 17일 일곱 개의 루터파 지역교회 연합회는 공공 장소에서 모든 유대인이 노란 배지를 착용해야 한다는 나치의 국가정책을 지지한다는 성명을 발표했다. 그들은 "루터는 자신의 쓰라린 경험 이후 유대인에 대한 예방 조처와 함께 독일령에서 유대인을 추방할 것을 제안했다"고 주장했다.[44]

디아메이드 맥클로흐는 역작 《종교개혁》*The Reformation*에서 "루터의 1543년 저술은 1938년 나치의 크리스털나흐트('크리스탈의 밤')의 설계도면이었다"[45]고 했는데, 이는 상당히 옳은 통찰이었다. 1938년 독일과 오스트리아 전역에서 나치 민병대가 유대인 회당, 점포, 병원, 학교, 가옥을 파괴하고 불살랐다. 산산이 깨진 유리창 조각이 유대인 지역의 거리를 뒤덮었다고 해서 그 사건을 '크리스털나흐트'라고 부른다. 그날 밤 전국적으로 1,000여 개의 회당이 화재로 소실되었다. 1930년 나치당에 입당한 복음주의루터교회 ELC의 마틴 사스 주교는 이 사건에 갈채를 보내며 "1938년 11월 10일 루터의 생일에 독일 내 회당들이 불에 타고 있다"라고 썼다. 또한, "[이것은 아주 적절한 일이며] 우리는 개신교 기독교인으로서 루터에게 진 큰 빚을 충분히 인식하고, 전 세계의 모든 개신교 기독교인을 향해 유대인과 그들의 비호자들에 대한 경고를 다름 아닌 루터의 말로 하는 것이 마땅한 책무라고 생각한다."[46]

물론 많은 루터파 성직자는 나치를 악으로 인식하고 최선을 다해 저항했다. 여기에 목숨을 바친 이들도 있었다. 그러나 상당수는 히틀러와 그의 반유대정책을 강하게 지지했으며 마르틴 루터를 자신의 길잡이로 거론했다. 이 현상은 일반 루터교인들 중에도 엿보인다. 히틀러는 가톨릭 지역보다 '개신교' 지역에서 훨씬 많은 표를 얻었다.[47]

루터의 반유대주의가 20세기에 어떤 여파를 불러왔든지 간에, 16세기 당시를 풍미한 반유대주의를 크게 강화했다는 것은 사실이다. 루터파 국교회가 발흥한 곳마다 유대인은 추방당했다. 물론 이 루터파는 다른 간판을 건 그리스도인 역시 추방하거나 박해했다.

요약하겠다. 종교개혁은 국교회로 귀결되었는데, 이들은 가톨릭교회의 어떤 시도보다 더 개인을 억압했다. 종교개혁은 종교의 자유나 관용 면에서 전혀 기여한 바가 없었고, 오히려 그 반대의 결과를 가져왔다. 마지막으로 마르틴 루터의 표독스러운 반유대주의는 윌리엄 샤이러가 주장한 것과 똑같이 홀로코스트를 정당화하는 데 비중 있는 역할을 했다.

3

민족주의,
역사에 꽂은 비수

이번 장은 중세 기독교 왕국Christendom의 붕괴를 애도하는 내용이 아니다. 물론 정치와 종교 제도 모두를 통솔한 엘리트층이 갖췄던 여러 덕목, 특히 국제적 성격에서 보면 이전의 영광을 떠올리며 향수에 빠지는 것을 거부하기가 쉬운 일은 아니다. 하지만 여기서 애도하는 바는 기독교 왕국이 특유의 민족주의적 문화를 지닌 강력한 민족국가로 대체되었다는 점이다.

종교개혁은 이 근원적인 변화에 강력하게 기여했다. 첫째, 종교개혁으로 교회는 국가에 종속되었고, 이로써 종교의 국제성이 소멸되었다. 이 일은 가톨릭 국가에서도 일어났다. 둘째, 종교개혁은 분열주의적 민족문화의 태동을 부추겼다. 그 여파 중 하나가 훨씬 더 참혹하고 광범위한 전쟁이었다.

기독교 왕국

로마제국의 잿더미로부터 서서히 부상한 기독교 왕국은 유럽의 정치적 불일치 위에 둥지를 튼다. 지금은 유럽으로 알려진 지역에는 4세기까지 1,000개가 넘는 독립적인 정치 단위가 있었으며[1], 그중 일부는 너무 작아 영세국*statelets*이라고 불렸다. 지리적 단위에 근거한 포괄적 교회 구조(바티칸의 지휘하에 사목과 주교가 총괄하고 관할하는 교구 시스템)는 중세 국가와 영세국을 전방위적으로 에워쌌다. 각 국가와 영세국의 정치 엘리트와 교회 엘리트 사이에는 밀접한 관련이 있었다. 종종 이 엘리트들은 동일 가문 출신이었다(중세 금욕적 성인의 75퍼센트가 귀족 출신이고, 22퍼센트는 왕족 출신이다).[2] 게다가 교회가 모든 교육의 공급원이었기에 지배 계층에 속한 모든 지식인은 수도사나 성직자에게 라틴어로 개인 교습을 받았다. 귀족과 성직자는 문학, 음악, 예술, 건축에까지 공통의 문화를 공유했다. 11세기에 최초로 대학이 등장한 이래로 이 현상은 더욱 심화했는데, 귀족이 대학에 진학했기 때문이 아니라 가정교사들이 대학에 진학했기 때문이었다. 공통의 문화와 언어는 활발한 국제 교류로 이어졌다(국제결혼이 성행했고, 심지어 상속자가 없는 귀족 가문에서 '외국인'을 데려오는 일도 흔했다). 마지막으로 1장에서 논했듯이 모든 귀족은 개인 고해신부에게 보고할 의무가 있었다. 고로 대륙은 교회를 중심으로 도덕적, 문화적 통일성과 일정한 정치적 응집력을 지녔다. 이것이 기독교 왕국이었다.

중세의 전쟁에 관한 오해

중세 유럽 사회에 관한 가장 끈질기고도 그릇된 신화는 중세인이 끊임없는 유혈 전투를 벌이며 살았다는 것이다.[3] 하지만 실상 전쟁은 그리 빈번하지 않았고 유혈적인 경우도 흔치 않았다. 먼저 참전한 군대 규모부터 비교적 작았다. 노르만족의 영국 정복을 가져온 헤이스팅스 전투(1066년)는 약 10,000명의 노르만인이 7,000명의 영국인을 무찌른 결과였다(당시 영국 인구는 약 250만명이었다). 하지만 유럽인 사이에는 이런 '큰' 전쟁이 흔치 않았고, 모슬렘, 마자르족, 몽골 같은 거대한 외세의 침략을 격퇴할 때만큰 전쟁이 벌어졌다. 더욱이 이런 격퇴전은 많은 국가가 연합군을 결성했다는 점에서 기독교 왕국의 통일성이 엿보였다.

중세 유럽이 전사戰士 국가로 이루어져 있다는 통찰은, 각 국가가 군사적 지휘 계통을 따라 조직화되고 서열별 우두머리가 전투 기사라는 점에서는 상당히 맞는 말이다. 이런 지배 구조가 존재했던 근본 취지는 (유럽인이 되기 전의 바이킹 같은) 도적 떼와 약탈자로부터 주민을 보호하기 위함이었다. 물론 전사 지배 체제하에서는 영토 분쟁, 탐욕, 개인적인 모욕 등 그 발단이 무엇이든 간에 분쟁은 으레 군사적 형태를 띠었다. 그럼에도 성공적인 통치자들은 (왕, 제후 혹은 단순한 지역 유력자 등 가릴 것 없이) "전투를 피하려고 성심껏 노력했다."[4] 비록 수십 년씩 계속되는 전쟁도 있었지만 "전쟁이 없는 해도 많았다."[5] 찰스 오만 경이 설명했듯이 "야지野地에서 일어나는 교전이 [매우] 드물었던 이유는 더 약한 편이 전투를 하기보다는 늘 자기 성벽 뒤로 숨어들어 가려 했기 때문이다."[6] 어떤 의미에서 보자면 이 시대는 '성城의 시대'Age of Castle였지 '전투의 시대'는 아니었다. 물론 유럽의 여러 지역 출신의 기사로 구성된 대군이 수천 마일을 진군하여 훨씬 대규모의 모슬렘 대군과 격전을 치르고 대개는 승리했던 십자군 원정은 예외였다. 마크 그린그래스의 말처럼 "십자군은 서방 기독교 왕국의 가장 야심 찬 프로젝트였다."[7]

십자군 원정의 기원과 진행

1095년 11월 27일, 교황 우르반 2세가 프랑스의 끌레르몽시市 근교의 들판에 설치된 단상을 딛고 올라섰다. 사방에서 대규모 군중이 그를 에워싸고 있었다. 53세의 열정적인 남자, 우르반은 멀리서도 들리는 남달리 위력적이고 느낌이 풍성한 목소리를 축복으로 받은 사람이었다. 이날 그는 1차 십자군 원정의 출범을 알리는 연설을 했다.

근래의 서구 변증론자들의 시각과는 대조적으로 십자군 원정은 중동 모슬렘 지역의 영토를 차지하고 전리품을 약탈하기 위한 유럽 식민주의의 서막이 아니었다. 십자군 원정은 수 세기 계속된 모슬렘의 서구 식민지화 시도 중 가장 비근한 침공에 대한 방어적

대응이었다. 프랑크족 군대가 모슬렘 대군을 무찌른 투르-푸아티에 전투(732년)가 일어난 곳은 파리에서 남쪽으로 불과 190킬로미터 떨어진 곳이었음을 유념하라. 그 당시 모슬렘은 이미 스페인과 이탈리아 남부를 정복하고 북아프리카 기독교령 전체를 초토화한 터였다. 그다음 그들은 동쪽에서 (그리스를 관통하여 헝가리로 올라가) 유럽을 침공하려는 시도를 누차 반복했다. 셀주크 투르크족은 이미 예루살렘을 정복하고 콘스탄티노플을 160킬로미터 이내로 진격한 시점이었고, 1차 십자군 원정은 이런 상황에 처했을 때 원군을 요청한 비잔티움 황제에 대한 응답이었다.

교황과 유럽의 귀족층은 비잔티움의 원군 요청을 외면할 만한 이유가 많이 있었다. 우선 서방의 문화적 유산과 기독교는 로마적이었던 반면 비잔틴은 그리스적이었다. 유럽인은 그리스적 삶의 방식을 퇴폐적이라고 여겼고, 그리스의 '정통' 그리스도인들은 로마 가톨릭을 무시했다(그리고 로마 가톨릭 사제와 신앙인을 박해했다). 그럼에도 우르반 교황은 비잔티움에 대한 원망보다는 모슬렘 제국주의를 견제하는 일이 훨씬 더 중요하다고 믿었다. 더욱이 그는 내친 김에 비잔티움을 구하고 예루살렘까지 탈환하여 기독교 순례자들을 잔혹하게 괴롭히는 행태를 근절하고자 했다. 그러므로 그는 끌레르몽에서 거대한 교회 공의회를 소집했고, 이 끌레르몽 공의회에서 전한 유명한 연설을 이렇게 맺었다. "만일 여러분이 패하면 예수 그리스도가 죽으신 바로 그곳에서 죽는 영광을 누릴 것이고, 하나님은 여러분이 성전聖戰에 참여했다는 사실을 결코 잊지 않으실 것입니다."⁸ 기사들과 귀족들은 이듬해 성지 탈환을 위해 출정하겠다고 서약했고 군중 가운데서 "신이 원하신다!"*Dieu le volt*는 함성이 울려 퍼졌다. 그들은 실제로 출정했다.

그럼에도 만일 교황이 끌레르몽에 모였던 기사들이 알아서 하도록 모든 일을 맡겨두었더라면 십자군 원정은 성사되지 않았을 것이다. 십자군 원정이 실현된 이유는 교황이 유럽 곳곳에서 전쟁을 설파할 수백, 수천 명의 설교자를 모집했기 때문이었다. 교황 본인도 그 후 9개월간 3,200킬로미터 이상의 거리를 이동하며 십자군 원정을 설파했다. 그리고 교황이 순회 여행을 다니는 동안,

교황의 서신들과 특사들이 영국, 노르망디, 플랑드르, 제노바, 볼로냐에 속속 당도해 권고하고 명령하고 설득했다. … 그해 말 교황은 제노바의 막강한 해군력을 전쟁에 끌어들이기 위해 오렌지와 그르노블의 주교들을 제노바로 파송해 십자군 원정을 설파하게 했다.⁹

마침내 십자군의 5대 주력군이 제후 5인의 리더십 아래 소집되었다.

십자군의 선봉에 서길 원했던 프랑스 국왕 필립 1세는 이혼하지 않은 상태에서 남의 아내와 결혼했다는 이유로(여자도 이혼하지 않은 상태였다) 파문을 당해 사령관이 되지 못했다. 그래서 그의 형제인 베르망두아의 휴 백작이 파리 근교에서 귀족 출신 기사들을

모집하여 군대를 결성했다. 여기에 독일 기사들이 대거 합류하여 1096년 8월 콘스탄티노플을 향해 출정했다.

독일어권 국가인 남로렌의 공작이던 부용(오늘날의 벨기에에 위치)의 고드프르와Godfrey는 십자군 원정에 출정하고자 거의 모든 재산을 매각했다. 고드프르와와 동행한 사람은 친형제인 외스타슈 3세와 볼로뉴의 보드앵이었는데, 보드앵은 자신의 노르만인 아내, 토에니의 고데힐드까지 데리고 출전했다. 이 대군 역시 1096년 8월 출정했다.

이탈리아와 시칠리아의 노르만 왕국을 대표하는 타란토의 제후, 보에몽은 군사작전 수행 경험이 풍부한 노르만 용사들로만 구성된 가공할 군대를 조직하고 이끌었다. 그들은 10월 바리에서 함선을 타고 출정하여 불가리아 해변에 상륙한 후 콘스탄티노플까지 행군했다.

십자군의 네 번째 군대는 프랑스 남서부 툴루즈의 레몽 4세가 이끌었다. 그 역시 일부 스페인 기사들이 포함된 군대의 수장으로 10월에 출정했다(그는 카스티야의 국왕 알폰소 6세의 딸인 셋째 아내를 동반했다).

마지막으로 노르망디의 로베르 공작은 정복왕 윌리엄(프랑스 국왕과 함께 아버지에게 모반을 꾀하여 아버지로부터 절연당했다)의 장남이었다. 로베르는 십자군 군대 모집과 유지에 필요한 자금을 마련하고자 노르망디를 담보로 친동생인 영국 왕 윌리엄에게서 돈을 꾸었다. 공작의 군대는 영국, 스코틀랜드, 노르망디 출신 기사들과 소수의 덴마크 출신으로 이뤄졌으며 사촌인 플랑드르의 로베르 2세 백작과 매형인 블루아의 스테판 백작이 함께했다.

2차 십자군 원정은 1차 원정 후 약 50년 뒤에 일어났으며 그 구성 면에서 1차 원정과 똑같이 국제적이었다. 프랑스 국왕 루이 7세가 독일 국왕 콘라트 3세와 연합군을 결성했고, 이로써 유럽에서 가장 강력한 두 군주국이 단일대오를 형성했다. 3차 십자군 원정의 사령관들은 '사자심장 리처드'로 알려진 영국 국왕과 프랑스 국왕 필립 2세, 독일과 이탈리아의 국왕 프리드리히 1세(프리드리히 바바로사)였다.

십자군 원정은 기독교 왕국이 엄연한 실재라는 것을 명백하게 보여주었다. 온갖 내전이 있었지만 유럽의 엘리트층은 자신들을 한 공동체의 일원으로 보았다.

중세의 지적 생활

기독교 왕국은 단순한 전사 공동체나 귀족 공동체가 아니었다. 기독교 왕국은 하나의 문명이었다! 안타깝게도 여러 세대에 걸쳐 우리는 로마 멸망 이후 종교개혁 직전까지의 시대를 '암흑기'라고 배웠다. 말도 안 되는 소리다. 중세는 기술과 상류 문화뿐 아니라 도덕적인 면으로도 경이로운 진보를 이룬 시대였다. 어느 정도냐면 루터가 반박 논제를 성문에 게재하기 25년 전 콜럼버스가 항해를 시작했을 때 유럽은 세계 어느 지역보다 월등히 앞서 있었다. 나는 다른 지면을 통해 이와 관련해 긴 글을 썼다. 여기서는 개량 마구馬具부터 인쇄기까지 이 시대에 이루어진 엄청난 기술적 진보를 거론할 필요는 없을 것이다. 그러나 기독교 왕국의 지적 생활의 몇 가지 단면은 살펴볼 필요가 있다.

서구의 오케스트라 음악은 비유럽과 일부 인기 있는 대중음악 형태와 비교할 때 악기와 화음 면에서 훨씬 더 복합적이다. 또 완벽하게 악보화되어 있다는 면에서도 차별화된다. 이 오케스트라 음악은 모차르트와 하이든의 18세기 고전주의 시대에 비로소 시작된 게 아니라, 이미 13세기에 상당히 발전한 상태였다. 사실 둘 이상의 선율을 동시에 소리 내는 다성多聲 음악, 즉 화음은 이미 9세기부터 시작되었다(그리스와 로마인들은 단성 음악만 연주했다). 그리고 적절한 기보법은 10세기에 계발되었다. 기보법 덕분에 음악가들은 먼저 연주를 듣지 않고도 연주할 수 있게 되었고, 이것은 작곡한 음악이 세대를 넘어 보존되며 다른 지역으로도 쉽게 전파될 수 있음을 의미했다. 고로 중세의 음악은 그다음 시대와 마찬가지로 완전히 국제적이었다. 유럽 전역의 엘리트층은 동일한 음악을 즐겼고, 교회와 궁정에서 귀족을 위해 베푼 연주회에서 음악을 들었다.

유럽 전역(스칸디나비아부터 포르투갈까지, 영국에서 폴란드까지)에 존재하는 웅장한 고딕 양식의 성당들 역시 기독교 왕국의 통일성을 보여주는 증거다. 물론 그 성당들은 야만적 고딕인이 건축한 것은 아니었다. 사실 '고딕'은 소위 계몽주의 시대에 그리스와 로마의 고전주의적 기준에 부합하지 않는다는 이유로 이 건축 양식을 멸시한 '잘난척쟁이들'이 붙인 이름이었다("[이런 양식의 건축을] 발명한 자들은 저주받을지어다").[10] 공중부벽의 발명으로 중세 유럽인들은 역사상 처음으로 얇은 벽으로 높은 건물을 지을 수 있게 되었다. 공중부벽에 관한 지식이 없었던 그리스인과 로마인은 중세 성당들 같은 건물은 흉내도 낼 수 없었다. 중세 유럽인은 이런 성당을 지을 능력이 있었고 그들이 지은 건축물에 필적할 만한 것은 전무후무하다.

건축과 음악은 기독교 왕국 엘리트의 삶을 꾸며주는 탄복할 만한 장식품이었으나, 이 놀라운 문명은 (그리고 그 속에서 발아 중이던 과학은) 실은 단 하나의 기독교적 발명에 기초한 것이었다. 그것은 바로 대학이었다. "대학은 성당과 같이 … 중세의 산물이다."[11]

'대학'university이란 단어는 라틴어 '유니버시타스 마지스트로룸 에트 스콜라리움'universitas magistrorum et scholarium 즉, '선생과 학자의 공동체'의 줄임말이다. 이 새로운 제도는 사제 양성 기관이었던 성당 학교가 발전한 것으로 더 고차원의 고등학문을 전수하려는 구체적인 목적으로 만들어졌다. 최초의 대학은 1088년경 이탈리아 북부 볼로냐에 설립되었다. 그 뒤를 이어 파리대학(1150년), 옥스퍼드(1167년), 팔렌시아(1208년), 케임브리지(1209년)가 설립되었다. 14세기가 저물기 전에 24개의 다른 대학이 출현했으며, 그 다음 세기에 적어도 28개의 대학이 설립되었다. 그중에는 1477년 머나 먼 북쪽 스웨덴 웁살라에 설립된 대학도 하나 있었다. 이 대학들은 소수의 스승과 학생 수백 명으로 이뤄진 영세기관이 아니었다. 1200년 즈음 파리대학의 규모는 설립 50년 만에 5천 명의 학생을 배출하고 수백 명의 교원을 갖춘 것으로 추정된다.[12] 대학에 입학하기 위해 먼 외지에서 오는 학생이 많았고 학생들의 대학 간 이동은 놀랄 만큼 활발했다(특히 옥스퍼드와 파리대학 간 학생 이동이 많았다). 지역을 불문하고 모든 수업은 라틴어로 진행되었다. 언어 장벽이 없었기에 대학 간 학생 이동은 용이했다.

교수진 역시 놀랄 만큼 빈번하게 대학 사이를 옮겨 다녔다. 그 시대에도 큰 명성을 얻고 다른 대학 교수진으로 초빙되는 근거는 오늘날과 마찬가지로 '혁신'이었다. 그러니까 아리스토텔레스의 글을 한 글자도 안 틀리고 달달 외우는 사람이 아니라 그의 글에서 오류를 찾아낸 사람이 초빙을 받았다. 그래서 초창기부터 대학교수들은 신지식을 추구하는 일에 몰두했고 그 결과가 5장에서 자세히 논할 과학의 발흥이었다. 대학은 또한 신학 연구의 제도적 기반을 마련했다(파리대학은 13세기에 토마스 아퀴나스를, 16세기에는 존 칼빈을 배출했다).

대학은 급속도로 교회 지도층을 탈바꿈시켰다. 13세기 즈음 교회의 최고위 관리들(수도원장, 대주교, 추기경)의 거의 절반이 석사학위 소지자였다. 그리고 모든 대학이 동일한 커리큘럼을 채택했으므로 유럽의 모든 식자층은 공통의 지적 배경을 가지고 있었다.

그러다가 끝이 왔다!

유럽의 엘리트층에게 "종교개혁은 기독교 왕국에 대한 충성을 '나라'에 대한 충성으로, 기독교적 정체성을 민족국가적 정체성으로 대체하는 일이었다."[13] 종교개혁 과정에서 "오랫동안 유럽인들을 하나로 묶어주었던 지적, 도덕적 아교가 상당 부분 눈 녹듯 사라졌다."[14] 여기서 비롯된 것이 나라의 운명을 위해 몸 바쳐 싸우려는 애국적 시민으로 가득한 민족주의적 국가였다.

우리는 이미 1장과 2장에서 종교개혁이 '개신교' 나라에서 국교회 설립으로 이어졌으며, 가톨릭으로 남았던 나라들은 국왕이 해당 나라의 교회 최고위 관리 임명권을 가졌다는 점에서 기능적으론 국교회와 진배없다는 것을 살펴보았다. 이런 식으로 기독교 왕국의 특징이었던 세속 위정자들에 대한 교회의 종교적 균형추 역할, 국제적 세계관과 문화는 하나씩 자취를 감추었다. 이제 유럽은 문화, 정치 모든 면에서 지역인의 대륙이 되었다.

민족문화 형성 과정

어떤 의미에서 민족문화는 종교개혁 훨씬 전부터 기독교 왕국의 국제 엘리트 문화 저변에 자리 잡고 있었다. "서구 유럽 전역에서 … 수천 개의 촌락과 교구와 그 주민이 … 국제 질서의 범세계적 야심과 관료제에 … 의혹을 품고 있었다."[15] 그리고 지역사회를 지배한 문화는 관습, 세계관, 특히 언어 면에서 지역적이었다. 기독교 왕국이 붕괴하자 각 나라의 정치 엘리트가 모든 방면에서 점점 더 지역화되었다. 종교개혁은 이 지역화를, 특히 언어 면에서 가속화하고 강화했다.

　　루터 출생 당시 수도사, 수녀, 성직자를 제외하곤 글을 읽을 줄 아는 유럽인은 극소수였다. 가장 큰 이유는 유럽인이 구사하는 언어로는 읽을거리가 거의 없었기 때문이었다. 손으로 필사하여 복제한 책들은 대중용으로 보급하기에는 너무 비쌌고, 게다가 죄다 라틴어였다. 이것이 돌연히, 극적으로 바뀌었다. 독일 종교개혁 전야에,

　　[유럽] 도시와 마을에는 200년 넘게 인쇄기가 존재했다. 그간 600만 부로 추정되는 3만 종의 책이 인쇄되었고 그중 절반이 신앙 서적이었다. 중세 내내 필사자들과 수도사들이 만들어낸 책보다 1460년부터 1500년까지 40년간 인쇄된 책이 더 많았다.[16]

　　그러나 종교개혁으로 독일이라는 한 나라에서만 봇물 터지듯 쏟아져나온 책에 비하면 이것은 작은 여울에 불과했다. 루터가 사망할 때까지 약 100만 부의 독일어 성경이 인쇄된 것으로 추정된다.[17] 루터는 탄복하리만치 뛰어난 독일어 문장가였기에 그의 방대한 문학적 산출물, 특히 그의 성경 번역(1534)이 근대 독일어 글말 형성에 크게 기여했다고 보는 이들이 많다.[18] 1611년에 처음

나온 킹제임스성경이 (나를 포함한) 영어권 작가들에게 비슷하게 기여한 것도 두말할 나위 없는 진실이다.

더 초기의 성경 영역본은 1538년에 나왔는데 라틴어와의 분절이 특징이었다. 1524년 신약이 덴마크어로 번역되었다. 성경 전체의 네덜란드어 역본은 1526년에 인쇄되었고, 불어 역본은 1530년 앤트워프에서 출간되었다. 스웨덴어역은 1541년, 체코어역은 1549년, 폴란드어역은 1563년, 스페인어역은 1569년에 출간되었다(1600년까지 모든 유럽 언어로 성경이 번역되었다). 이제 성경을 현지어로 읽을 수 있게 되었을 뿐 아니라 사람들이 읽도록 널리 보급도 되었다(인쇄기가 나오기 전에는 개교회는 말할 것도 없고 대성당도 성경을 소장한 경우가 드물었다). 모든 유럽 언어로 성경이 풍성하게 보급되자 성경은 글말과 문학 언어로 확고하게 뿌리내렸다.

물론 독서 대중의 폭발적 증가로 성경 이외에도 많은 책이 인쇄기로 몰려들었다(인쇄술의 역사에서 잘 언급되지 않는 부분이 초기에는 음란물이 베스트셀러였다는 것이다).[19] 진짜 중요한 점은 이제 지역의 작가들이 지역 전설과 주제의식에 초점을 맞추어 지역 시장을 위한 책을 쓰기 시작했다는 사실이다. 얼마 지나지 않아 각국의 언어로 놀랄 만큼 수준 높고 존경받을 만한 '문학'이 탄생했다(그 선두주자가 셰익스피어, 괴테, 몰리에르, 세르반테스와 같은 '문학 거장'들이었다). 문학은 한 나라의 독특한 유산과 외세와의 갈등을 강조한 지역화된 역사에 중점을 두었다(더러는 실제였고 더러는 상

상의 산물이었다). 일례로 영국에서는 (십중팔구) 허구인 아더왕 이
야기와 현실에서의 '사자 심장' 리처드 국왕의 놀라운 행적을 결
합하여 민족적 문학 유산을 창출했다. 프랑스에서는 잔 다르크가
프랑스군을 규합하여 싸우다가 원수 영국인의 손에 순교하는 이
야기가 프랑스의 우월성을 예찬하는 민족 역사의 근간을 형성했
다. 비록 독일 작가들은 민족 차원의 정치적 통일성은 부족했지만,
1505년 샤를마뉴 대제가 실은 프랑스인이 아니라 프랑스를 다스
리는 독일인이었다는 제이콥 빔펠링의 주장을 필두로 민족문화
창출에 앞장섰다.[20] 이 시작점에서 출발하여, 일련의 전설적 인물
들을 숭배하는 바그너 오페라로 이어지는 독일의 역사적 '기억'이
꿰어진다.

　독특한 민족문화의 창조는 대학의 민족주의화로 강화되었다.
종교개혁과 함께 출판물의 폭발적 증가의 여파로 대학은 라틴어
수업을 중단했다. 이제 학생이 파리에서 공부하려면 불어로 말하
고 읽을 줄 알아야 했고, 케임브리지로 가려면 영어도 잘해야 했
다. 교수진도 마찬가지였다. 얼마 못 가 대학은 남다른 민족문화
를 예찬하며 찬란한 민족사를 부각하기 시작했다. 이를 크게 부추
긴 것이 배제 정책이었다. 스칸디나비아에서는 국교회에 속하지
않은 자는 현지 대학 입학은 물론 입국조차 할 수 없었다. 옥스퍼
드나 케임브리지는 영국 국교회에서 인정받는 자만 학생으로 받
았고, 파리대학은 가톨릭 교인만 받았다. 다들 그런 식이었다.

　이 모든 것의 귀결점은 사회 전 계층이 수용하는 독특한 민족

문화를 만드는 일이었다. 프랑스 하층민뿐 아니라 상류층까지, 영국과 독일의 상류층이나 하층민과는 확연하게 차별화되는 방식으로 독특하게 프랑스화되었다. 더욱이 각국 국민은 나라별 차이를 충분히 의식하고 자국 문화가 여타 모든 나라에 비해 우월하다는 자긍심을 가졌다.

민족주의의 발흥

'민족주의'nationalism는 그 개념의 다의성과 모호성으로 과용過用되는 단어가 되었다.[21] 그러나 개인과 그들이 거주하는 지역사회의 유대 관계와 관련하여 근대적 삶의 실체를 규명하는 데 이만한 단어도 없다.

나는 스페인의 바스크족처럼 자기 나라를 갖길 염원하는 내부 소수민족과 관련된 형태의 민족주의에는 별 관심을 두지 않을 것이다. 나는 독립국가를 이루길 원하는 민족들과 관련된 민족주의에 관심이 있다. 특히, '애국심'과 관련된 형태의 민족주의에 초점을 맞출 것이다. 여기서 나는 애국심을 '거주하는 민족국가에 대한 깊은 충성심'으로 정의한다.

이 정의가 시사하는 바와 같이 모든 민족이 국가는 아니고 모든 국가가 민족은 아니다. 국가는 특정 지리적 영역을 통치하는 정치 단위다. 민족은 지리·문화적 단위로서 언어와 고유문화를 비롯한 공통의 정체성을 가지고 한 지역에 거주하는 인구 집단이다. 어떤 국가는 다수의 민족을 포괄한다(일례로 근대 영국은 잉글랜드, 스코틀랜드, 웨일즈 민족을 포함한다). 그렇다면 당연히 어떤 민족들은 국가가 아닐 것이다. 민족국가national state는 민족이기도 하고 국가이기도 하다. 민족국가는 거주민이 공통의 문화를 공유하는 정치 단위다. 역사적으로 잉글랜드는 오랜 세월 민족국가였고 스코틀랜드는 간헐적으로 민족국가였다. 여하튼 내가 검토하고자 하는 민족주의는 민족국가나 민족국가를 형성하는 민족이 창출한 애국심으로 이루어져 있다.

그렇다면 민족주의는 어떻게 발흥했을까?

우선 첫 단계에서 독특한 문화를 지닌 여러 나라states가 지리적 근접성을 가지고 존재했다. 기독교 왕국 내에도 다수의 나라가 존재했지만, 그 나라들은 초국가적interstate 문화를 소유한 엘리트의 지배를 받았다. 그 문화를 산산이 박살 낸 것이 종교개혁이었다. 국교회는 독특한 지역문화 발전에 크게 이바지했다(이를 위해 모든 사람의 종교가 동일해야 했다). 민족문화의 발전은 이 나라들의 언어적·인종적 동질성으로 촉진되었다. 어떤 면에서 이는 과거 유럽의 '부족국가' 시절을 반영한 것이었고, 어떤 면에서는 배제 및 억압의 산물이었다. 유럽의 거민들은 앵글로색슨족, 고트족, 프랑크족, 훈족 등 온갖 부류의 정착자와 침략자 종족의 후손으로 이루어져 있다. 이 집단은 특정 지역에 정착했고 언어를 중심으로(비록 일부 집단은 라틴어를 다소 단순화한 형태인 이른바 로망스어Romance[불어, 스페인어, 이탈리아어 등]로 전환했지만) 원래 자기 문화의 중요한 특성들을 보존했다.

　로마제국의 몰락 이후 국가의 발흥은 이 종족적 정착을 반영하는 경향과 궤를 같이한다. 게다가 개신교를 배경으로 등장한 국가의 절대 군주들은 종종 '인종 청소'에 버금가는 일을 단행했다. 스칸디나비아 국가들은 외국인을 배제하고 추방했다. 독일의 여러 제후는 가톨릭 교인이나 개신교 교인의 거주금지법을 제정하여 선택적 이민을 초래했다. 프랑스의 개신교 위그노파 탄압은 실질적인 동질화를 가져왔다. 잉글랜드는 가톨릭 신도를 탄압하여 투명인간처럼 살게 함으로써 스코틀랜드와 웨일즈의 영향이 양지로 올라오지 못하게 했다. 차차 살펴보겠지만 19세기의 독립전쟁 시기에 문화적 동질성을 띤 유럽 민족국가들이 많이 생겨났다.

　또 다른 요인은 유럽 민족국가들의 밀집성이었다. 프랑스는 벨기에, 독일, 스위스, 이탈리아, 스페인과 국경을 맞대고 있으며 50킬로미터의 해협만 건너면 영국이다. 이런 인접성은 끊임없는 국경 분쟁의 원인이 되었고, 더 강한 민족국가는 약소국 합병을 끊임없이 시도했다.

　가까운 이웃일수록 문화적 차이와 모욕에 예민한 만큼, 인접성은 문화적 분쟁과 경멸을 악화시켰다. 일찍이 1577년 윌리엄 해리슨은 저서 《잉글랜드 묘사》*Description of England*에서 "영국인의 자유롭고 고귀한 성품이 프랑스인의 산만하고 퇴폐적인 태도와 대조를 이루었다"[22]라고 묘사함으로써 새로운 분위기를 전했다. 그리고 이런 현상은 지속되었다. 19세기에 영국인은 콘돔을 '프랑스 편지'French letters로 부른 반면 프랑스인은 '영국 망토'capotes anglaises로 불렀다. 프랑스인은 자국어가 유럽의 우월한 문어라는 점을 확신했으나 영국인은 프랑스인은 자국 언어도 제대로 발음하거나 쓸 줄 모른다는 점을 즐겨 지적했다.

민족문화는 더러는 민족국가 내에서, 더러는 국가 안에서 수세기 동안 발전했다. 그런 다음, 두 가지 주요한 계기로 민족주의는 크게 성장한다. 첫째는 프랑스 혁명이었고, 둘째는 19세기를 점철한 독립전쟁들이었다. 많은 독립전쟁이 수포로 돌아갔으나 더러는 새로운 민족국가 수립으로 이어져 시민들은 민족주의 열기로 들끓었다.

프랑스 혁명은 엘리트 지배층에 반기를 든 대중 운동이었다. 1793년 1월 루이 14세가 단두대에서 처형되고, 얼마 후 파리에서만 16,594명의 희생자(마리 앙투아네트 왕비와 체포된 귀족 포함)가 발생했고, 그 외 프랑스 지역에서 25,000명의 추가 희생자가 잇따랐다. 이제 국가가 자기네 수중에 들어왔다고 믿었던 프랑스 민중은 한층 강한 민족주의를 수용했다. 그 결과가 '자유, 평등, 형제애'라는 혁명 교리를 전파하는 전쟁을 수행하는 '무장武裝 민족'의 탄생이었다. 앞으로 살펴보겠지만 프랑스 민족주의는 뒤이어 다른 유럽 여러 민족에게도 민족주의적 반응을 야기했다.

유럽의 독립전쟁은 1804년 오스만 제국으로부터 세르비아가 이탈한 사건을 기점으로 시작되었다. 세르비아의 뒤를 이어 20

년 후 그리스가 오스만으로부터 독립을 얻어냈다. 1830년에는 벨기에가 네덜란드에 저항하여 독립을 획득했다. 폴란드와 헝가리에서 19세기 중엽에 일어난 민족주의 봉기는 수포로 돌아갔다. 1867년 헝가리는 자치권을 획득했다. 1878년에는 세르비아, 루마니아, 몬테네그로가 독립을 쟁취했다. 1905년에 노르웨이가 스웨덴에서 떨어져 나왔고, 1908년에는 불가리아가 자유를 쟁취했다. 알바니아는 1912년에 독립했다.

민족국가 탄생이라는 물결은 낭만주의로 알려진 영웅적 민족주의를 예찬하는 경이로운 예술 융성의 시대와 궤를 같이했다. 음악가, 작가, 화가, 심지어 철학자까지 민족 설화에서 얻은 아이디어로 민족의 문화유산을 이상화했다. 독일 철학자 헤겔1770-1831은 모든 역사적 시대는 '자이트가이스트'zeitgeist라는 시대정신의 지배를 받으며, 이 시대정신이 당대 어느 민족이 역사를 주도할지를 결정한다고 역설했다. 헤겔은 루터 시대에는 루터를 통해 자이트가이스트가 독일 민족에게 임했다고 믿었다. 프랑스 혁명을 찬양하는 이들도 있었다. 그 시대를 대표하는 낭만파 음악가였던 독일의 오페라 작곡가 리처드 바그너1813-83는 모든 민족문화 속에는 외부인은 온전히 이해할 수 없는 고유한 음악적 스타일이 내재되어 있다고 믿었다. 그러므로 독일의 유대인은 독일 음악을 진정으로 이해할 수 없다는 것이 바그너의 논리였다. 참고로, 히틀러는 바그너 음악 애호가였다.

민족주의와 분쟁의 시작

이 주제에 관해 글을 쓰는 대다수 사람과 달리 나는 민족주의를 한심하게 여기지 않는다. 나는 또한 민족주의가 잦아들고 있다고 보지도 않는다. 최근 영국의 유럽연합 탈퇴와 여러 민족에서 터져 나오는 EU 반대를 보며, 지역의 다수파는 민족적 독립성을 대륙 관료제의 통제하에 두려는 시도를 불쾌하게 여기며 거부한다는 것을 분명히 알 수 있다. 자국의 문화와 역사에 대한 자긍심과 나름의 삶의 방식을 선호하는 민족주의는 원래 사악하거나 무식한 것이 아니다.[23] 그렇다 해도 민족주의가 민족 간 분쟁을 야기하고 악화시킬 수 있다는 사실에는 변함이 없다(19-20세기에 실제로 그랬다).

이 모든 것의 발단은 프랑스 혁명이었다. 프랑스 혁명 전, 17~18세기 유럽에서의 전쟁은 영세한 직업 군대 간의 전쟁이었고 전투의 범위는 매우 제한적이라 일반인의 삶에 미치는 영향은 미미했다. 1643년 전체 프러시아 군대는 5,500명의 직업 군인으로 구성되어 있었다. 1세기 후 7년 전쟁1756-63에서 프랑스, 오스트리아, 러시아를 격퇴한 프레데릭 대제의 사나운 프러시아 군대의 규모는 고작 9만 명 수준이었다.

그다음 1792년에 프랑스 혁명 국민공회National Convention는 대중 징집을 촉구하는 법을 제정하여 모든 청년의 징집을 의무화했다. 애국심을 전제로 하는 이 법에는 "모든 프랑스인은 군인이며 나라를 지키는 일에 헌신할 의무가 있다"는 내용이 명시되어 있다.[24] 그 해가 가기 전 프랑스 국군 규모는 50만 명에 달했으며 전장에서 종종 적군의 열 배가 넘는 수적 우위로 프러시아와 여러 나라를 압도했다. 1800년과 1813년 사이에는 260만 명이 넘는 프랑스 청년이 군대로 징집되었다.[25] 물론 유럽의 여타 지역도 대책을 마련해야 했고, 그 결과 여러 나라가 연달아 보편 징집제를 도입했다. 유일한 예외가 해협이란 보호벽 뒤에서 안전했던 영국이었다.

결과적으로 나폴레옹 보나파르트가 프랑스 대군의 총사령관이 되었을 때 그를 맞이한 것은 오스트리아, 프러시아, 러시아의 징집병으로 구성된 대규모 군대였다. 이제 군대는 국가가 정한 의무를 완수해야 한다는 기대를 받는 비교적 순진하고 나이 어린 대중으로 구성되었다.

이 국민 군대는 절제력과 신중함을 갖춘 직업 군인이 아니었다. 당연히 사상자가 급등했다. 한 전투에서 발생한 사상자 수가 종종 1세기 전에 발발한 전쟁 전체에 동원된 병력 총수보다 많았다(프랑스가 모스크바에서 120킬로미터 떨어진 보로디노 전투에서 '승리'했을 때는 장성 49명을 포함하여 거의 3만 명에 달하는 사망자가 발생했다!). 종합하자면 나폴레옹의 러시아 격퇴 시도로 대략 40만 명에 육박하는 사망자가 발생한 것으로 추정된다.

고도로 민족주의적인 국가만이 징집 의무를 성공적으로 관철할 수 있었다. 고도로 민족주의적인 문화만이 나라를 위해 죽음도 불사하게 만들 수 있었다. 결론적으로 민족주의는 인류의 대재앙

이었던 20세기 세계대전의 주요인이었다.[26]

1차 세계대전: 1914~1918

세계대전의 비근한 원인은 세르비아의 민족주의였다. 1914년 6월 28일, 세르비아의 한 민족주의자가 오스트리아-헝가리의 왕위 계승자인 오스트리아의 프란츠 페르디난드 대공을 암살했다. 반세르비아 봉기는 세르비아에 대한 오스트리아-헝가리의 전쟁 선포로 이어졌고, 유럽의 주요 강대국들은 조약상 의무를 이행하기 위해 가세했다.

민족주의는 유럽 역사상 가장 처참한 전쟁이 된 1차 세계대전의 발발과 지속에 상당한 역할을 했다. 이를 단적으로 드러낸 것이 기쁨에 겨워 전쟁 시작을 축하하는 군중의 모습이었다. "여러 교전국 수도에서 사람들이 거리로 뛰쳐나와 춤을 추며 출정하는 장병들에게 꽃목걸이를 걸어주었다."[27] 25세의 아돌프 히틀러가 뮌헨의 인파 속에서 전쟁 발발을 환호하는 유명한 사진도 있다(히틀러는 훗날 독일군으로 출전하여 무공훈장을 받았다). 에른스트 윙거의 회고다. "우리는 전쟁으로 희열을 느꼈다. 우리는 피와 장미로 도취된 분위기에서 빗발치는 꽃 세례를 받으며 출정했다."[28]

그다음 유럽인들은 국가에 대한 절대 헌신을 합리화하려는 민족주의적 개명 열풍에 휩싸였다. 독일의 웨스트민스터 호텔은 린

델도르프 호텔이 되었고, 카페 피커딜리는 카페 바터란드('조국')
가 되었다. 파리의 루 달레마뉴('독일 거리')는 루 쟝 조레(쟝 조레
거리, 쟝 조레는 프랑스 정치인이다—옮긴이)가 되었다. 영국 왕실은
왕가 이름을 작센 코부르크 고타에서 윈저로 바꿨고, 귀족인 배턴
버그 가문은 마운트배튼스로 개명했다. 이처럼 독일어 느낌이 나
는 많은 영국 가문이 개명했다. 영국 애견가 클럽은 저먼 German 셰
퍼드로 알려진 견종을 알사티안으로 바꾸었다(1977년에 개명했다).
미국인들은 1차대전 참전 후 닥스훈트를 리버티 펍스('자유의 개')
로 개명했다. 캐나다 온타리오에 위치한 베를린시는 유명한 영
국 장군인 키치너경을 따라 키치너로 이름을 바꿨다. 시카고에 있
는 뤼베크, 프랭크퍼트, 함부르크 거리는 딕킨스, 찰스턴, 셰익스
피어로 개명되었다. 그리고 미국인들은 더 이상 사워크라우트라
는 단어를 쓰지 않고 리버티 캐비지('자유의 양배추')로 불렀다. 하
겐 슐츠가 지적한 바와 같이 "이런 류의 사소하지만 기이한 움직
임은 전대미문의 민족적 열기를 보여준다."[29]

　1차 세계대전은 규모 면에서도 전대미문의 전쟁이었다. 유럽
전체에서 참전하지 않은 나라는 덴마크, 룩셈부르크, 노르웨이,
스웨덴, 이렇게 네 나라뿐이었다. 유럽 밖에서는 호주, 캐나다, 인
도, 뉴질랜드, 남아프리카, 미국, 오스만 제국이 참전했다. 총 800
만 명의 군인이 전사했으며 200만 명이 기타 이유로 사망했다. 아
울러 수백만 명이 부상으로 심각한 불구가 되었다. 민간인의 경우
200만 명 이상이 군사작전이나 적군의 살육으로 사망했다.

전쟁이 끝나자 양측의 주축국 정부가 파산했고 수백만 명의 여자들이 젊은 남자가 부족해 결혼하지 못했다. 하지만 민족주의는 잦아들기는커녕 오히려 더 크게 기승을 부렸다. 이 점은 초기부터 두 가지 중요한 양상으로 나타났다. 첫째, 강화조약으로 패전국에 부과된 턱없는 배상금, 그리고 이로 인한 사무치는 원한과 증오심이 한 세대 후 전쟁 재발의 불씨가 되었다. 둘째, (특히 미국 대통령의 호소로) 패전국에 강요한 자결주의 원리와 지역의 민족주의 정서를 이용하려는 세력에 의해 패전국에 속한 여러 유럽 지방이 독립국가가 되었다. 알바니아, 핀란드, 체코슬로바키아, 유고슬라비아, 폴란드, 헝가리, 라트비아, 리투아니아, 에스토니아 그리고 상대적으로 영세국인 오스트리아는 모두 오스트리아-헝가리 제국을 토막 낸 결과물이었다.

잃어버린 영토를 되찾으려는 열망이 2차 세계대전 발발의 중요한 동인이었다. 이에 더하여 패전국과 여러 신생국(지역의 민족주의 정서에 부합하고자 경제 현실을 감안하지 않은 채 독립시켰다)의 경제난으로 독재자의 부상에 취약한 환경이 널리 조성되었다.

1차 세계대전이 종결되기도 전인 1917년에는 레닌과 볼셰비키의 집권으로 러시아가 무너졌다. 1922년 이탈리아에서는 베니토 무솔리니가 정권을 장악했고, 1년 후 불가리아, 스페인, 터키에서 독재정권이 수립되었다. 1926년 유고슬라비아에서 독재자가 권좌에 올랐고, 1930년 루마니아에서도 독재자가 집권했다. 히틀러가 독일에서 전권을 장악한 것은 1933년이었다. 1934년 에스토니아와 라트비아가 독재국이 되었고, 그리스 또한 1936년에 독재국이 되었다. 같은 해 스페인에서는 새로운 독재자가 좌파 폭군을 누르고 집권했다. 결론적으로 1939년 유럽 28개국 중 17개국이 민족주의를 강조하면서 일부는 전쟁에 혈안이 된 독재자들의 지배하에 놓이게 되었다.

2차 세계대전: 1939~1945

1939년 9월 1일 독일의 폴란드 침공으로 2차 세계대전이 시작되었을 땐 아무도 거리로 나와 춤을 추지 않았다. 그러나 민족주의는 여전히 맹위를 떨쳤다. 1차 세계대전의 강화조약과 관련된 독일인의 불만을 교묘히 이용한 히틀러는 국격을 회복하고 빼앗긴 영토를 탈환하겠다는 공약으로 권좌에 올랐다. 그러나 그의 결정적인 당선 비결은 독일 민족의 우수성에 대한 예찬이었다. '나치'Nazi가 '민족 사회주의자'National Socialist의 줄임말임을 명심하라. 히틀러는 독일 민족성을 인종적인 차원에서 재정의했다(진정한 독일인은 '주인 인종'인 아리아족이나 게르만족이며 그들에겐 지배자가 될 생물학적 권리가 있다는 식이다). 히틀러가 이런 주장을 비교적 어렵지 않게 펼칠 수 있었던 이유는 "독일인의 성격, 덕목, 언어, 문화, 성취에 대한 기막힌 이상화"[30]라는 저변이 이미 존재했기 때문이었다. 일찍이 16세기부터 인본주의자들과 루터는 독일인의 우수성을 강력하게 지지했다. 루터는 독일 국가에 유대인이 소속되지 못하도록 유대인 배제를 주창했다는 면에서 히틀러의 선구자였다. 2장에서 밝혔듯이 루터는 히틀러보다 4세기 앞서 "악하고 부패하고 패역한 유대 종족"을 정죄했고, 히틀러는 여기에 슬라브족 운터멘센('하류인간')을 추가했다. 비슷한 생각이 유럽 여러 지역에서 호응을 얻었다. 사실 반유대주의는 당시 영국에도 만연했으며 프랭클린 루즈벨트는 유럽 본토에서 탈출한 유대인 보트피플의 미국 상륙을 거부했다. 아울러 프랑스 내 유대인을 잡아들여 죽음의 수용소로 이송한 자들은 독일인이 아니라 프랑스 경찰이었다는 사실을 잊지 말아야 한다.

결론적으로 2차 세계대전에 비하면 1차 세계대전은 국지전이었다. 2차 대전은 군 관련 사상자가 2,100만 명에 달했으며 대규모 도시 공습과 수백 개의 도시에서 벌어진 시가전으로 약 2,700만 명의 민간인 인명 피해가 있었다(죽음의 나치 수용소에서 도살당한 수백만 명은 포함하지도 않은 수치다!)

슬픈 이야기지만, 이 모든 사태의 발단은 적어도 부분적으로는 종교개혁으로 인한 기독교 왕국의 파괴로 거슬러 올라간다.

4

'개신교 윤리'라는
신화

막스 베버₁₈₆₄₋₁₉₂₀는 이제껏 쓰인 사회학 저서 중 최고 명저로 꼽히는 책을 다음과 같은 한 문장으로 시작한다.

어느 나라의 직업 통계를 일별하더라도 혼재된 종교 구성이 놀라운 빈도로 드러내는 사실은 … 사업가와 자본가뿐 아니라 근대 산업의 고숙련 노동자, 높은 수준의 기술적·상업적 훈련을 받은 인력 중에는 개신교도가 압도적으로 많다는 점이다.

1904년과 1905년에 두 편의 독일어 에세이로 출간된 후《Die Protestantische Ethik und der Geist des Kapitalismus》는 1930년에《프로테스탄트 윤리와 자본주의 정신》_{현대지성 역간}이라는 영역본으로 출판되었다. 제목이 시사하듯 베버는 왜 산업 자본주의가 개신교 지역과 국가에서만 태동하고 번창하는 경향을 보이는지를 설명하고자 했다. 그의 답은, 사람들이 개신교로 말미암아 근면하게 일하고 검소하게 살기 때문이라는 것이다. 베버는 이를 '개신교 윤리'라고 규명했다.

베버는 산업 자본주의가 (인간의 보편적 성정인) 탐욕과 부의 증식 욕구 그 이상을 요한다고 주장했다. 오히려 산업 자본주의는 사람들의 부 획득 노력과 근검절약 정신을 결합하여 더 큰 부를 획득하고자 수익의 최대치를 재투자하도록 했다는 것이다. 베버는 이를 '자본주의 정신'으로 불렀다. 그다음 베버는 묻는다. 개신교 윤리와 자본주의 정신은 어떻게 연결되었을까?

베버에 의하면 루터가 일을 신성한 소명으로 지정한 것이 그 첫 단추였다. "하나님이 정하신 과업으로서 … 하나님이 받아들이실 만한 유일한 삶의 방식은 수도원식 금욕주의로 세속적 도덕성을 초월하는 것이 아니라, 세상에서 개개인에게 주어진 자리에서 맡겨진 소임을 완수하는 것이다. 이것이 그의 소명이었다."[1] 연이어 베버는 "이 세속적 활동의 도덕적 정당화는 종교개혁을 통해 루터가 초래한 가장 중요한 결과 중 하나였다"라고 했다. 일에 대한 이런 개념은 "가톨릭 민족들과 고대 고전주의 사상" 속에는 존재하지 않았으며 "개신교가 지배적인 민족들 [가운데 발견된다]."[2]

그러나 일을 신성한 소명으로 여기는 것만으로는 자본주의 생성의 충분조건이 되기 어려웠다. 여기에 더해 사람들이 자신의 소명을 지극한 노력으로 추구해야 했다. 이런 수준의 동기부여를 설명하기 위해 베버는 칼빈주의와 신성한 선택이라는 개념에 눈을 돌린다. 루터교와 천주교는 구원을 얻는 방법에 대해서는 의견이 엇갈렸다. 칼빈은 구원을 얻기 위해 사람이 할 수 있는 것은 아무것도 없다고 가르쳤다. 칼빈의 예정론에 의하면 하나님이 더러는 (구원받은) 택자로 정하시고 대부분은 하나님만 아시는 이유로 저주를 받는다. 현세의 삶에서 사람이 자기 운명을 바꾸기 위해 할 수 있는 일은 아무것도 없다.

베버는 묻는다. "결정적인 문제는 이것이다. 어떻게 이 교리가 탄생했는가?" 사람들은 불변의 운명에 관한 불확실성을 안고 어떻게 살아갈 수 있을까? 베버의 표현을 빌자면 "내가 택자 중 하나일까? 모든 신자는 다른 관심사를 뒷전으로 밀어낼 만큼 중요한 이 질문 앞에 먼저 서야 한다."[3]

이에 대해 칼빈주의는 두 가지 반응을 제안한다. 첫째, "자신을 택자로 간주하는 것은 절대적 의무이며, 모든 의심은 마귀의 유혹으로 물리쳐야 한다. 자신감 부족은 부족한 믿음의 발로이기 때문이다."[4]

그러나 베버가 자본주의의 근거로 여긴 것은 두 번째 반응이었다. "일상적인 삶의 고투에서 자신의 택정과 칭의에 관한 확신을 얻기 위하여"[5] 세상적 성공을 성취하는 것이다. 즉, "믿음은 객관적 결과로 입증되어야 했다."[6] 그러므로 "칼빈주의에서는 하나님이 성도들에게 한 번의 선행이 아니라 평생 선행을 요구했다."[7] 따라서 "이제 모든 기독교인은 일평생 수도사가 되어야 했고 [다만 그 일을] 평범한 직업의 테두리 내에서 해야 했다. 그러나 … 칼빈주의는 여기에 뭔가 긍정적인 요소를 추가했다. 바로 세속 활동 안에서 자신의 믿음을 입증할 필요가 있다는 사상이었다."[8]

그러므로 누군가 구원받았다는 안위를 얻고 그 사실을 남에게도 보여주려면 최대치의 세상적 성공을 달성하는 데 헌신해야만 했다. 이 일을 하려면 "게으름과 육신의 유혹"을 거부하고 "여가와 오락에 속하지 않은 활동만이 하나님 영광을 드러내는 데 보탬이 된다."[9] 이 관점에서 "시간 낭비는 원칙적으로 사망에 이르는, 가장 큰 죄였다."[10] 베버는 이를 성숙한 형태의 '개신교 윤리'라고 밝혔다. 그리고 베버에 의하면 이 윤리는 생산수단을 증식하기 위하여 소비를 피하고 부의 재투자를 선호하는 소위 '자본주의 정신' 속에서 구체적으로 그 모습을 드러냈다. 그의 표현을 보자.

세속적 부르심 안에서 쉼 없이, 지속하여, 체계적으로 하는 일을 금욕주의의 가장 높은 수단으로 간주하는 동시에, 거듭남과 참 믿음의 가장 확실하고도 뚜렷한 증거로 여겨 종교적 가치를 부여했다. 이는 우리가 자본주의 정신이라고 부른 삶의 태도 확산에 가장 강력한 지렛대 역할을 했음이 분명하다.[11]

고로 베버의 논리는 산업 자본주의의 발흥은 종교개혁, 특히 칼빈주의의 결과라는 것이다.

이런 베버의 논제가 나온 지는 100년도 넘었지만, 거의 모든 사회학 개론 교재에서는(내가 쓴 개론서는 아니지만), 산업 자본주의가 처음 발흥한 곳은 개신교가 지배적인 나라였으며 개신교인과 가톨릭 교인이 공존하는 나라에서는 개신교인이 자본주의 경제를 지배했음을 기정사실로 받아들인다. 더욱이 다양한 비서구 사회의 근대화를 설명하기 위해 현지의 토착 신앙 안에서 '개신교 윤리'에 상응하는 요소를 '발견'하려고 노력하는 사회학자들도 있다.[12] 로버트 벨라는 이런 윤리가 일본 도쿠가와 시대의 불교, 유교, 신도 안에 존재한다고 주장했다.[13]

그럼에도 이 모든 것은 신화에 불과하다!

베버가 자기 책의 첫 문장에서 기술한 출발점, 즉, 개신교와 자본주의 간에 강력한 연계성이 있다는 대전제부터 틀렸다. 그러니까 애당초 아무것도 설명할 수가 없었던 것이다.

풍성한 반대 증거

베버의 '개신교 윤리' 논제를 근거로 한(또는 그렇다고 주장하는) 연구 출간물은 산더미처럼 많아서, 다 읽는 건 둘째 치고 찾아내는 데만도 몇 주가 걸린다. 다행히 대부분 자료는 베버의 실제 논제와는 거의 관련이 없었고, 내용이 너무 부실하거나("개신교와 가톨릭 학생의 회계학 강의 성적 비교"와 같은) 너무 편향적이라("개신교 윤리는 빈자의 고통에 무감각한 고등학생을 만드는가?") 읽을 필요가 없었다. 더욱이 이 출간물 더미 속에서 베버의 실제 논제와 희미하게라도 관련이 있는 증거는 거의 없었다. 어떤 증거도 제시하지 않기는 베버도 마찬가지였다. 자본주의 정신의 사례로 벤저민 프랭클린을 인용하는 수준이거나 나머지는 일화 일변도의 접근으로 만족했다.

그럼에도 아주 초기부터 적절한 증거를 바탕으로 베버의 논제에 결정적인 반박을 한 사람이 있었다. 베버처럼 독일인이었던 펠릭스 라흐팔Felix Rachfahl, 1867-1925은 베버의 독일어 논문 발표 4년 후 최초의 실증 반박 자료를 발표했다. 라흐팔에 의하면 '개신교 윤리' 논제는 산업 자본주의 발흥의 지리학과 모순된다. 일례로 산업 자본주의가 일찍부터 발전한 암스테르담과 앤트워프는 둘 다 가톨릭이었으며, 스칸디나비아의 개신교 도시들에서는 한참 뒤에야 산업 자본주의가 발전했다. (라흐팔은 개신교의 도덕 기준이 가톨릭에 비해 월등히 높았다는 베버의 주장에 동조함으로써 자신의 논증을 약화시킨 측면도 있었다.) 독일 경제학자 루조 브렌타노Lujo Brentano, 1844-1931는 산업 자본주의가 독일 종교개혁보다 한참 앞선 시기에 남유럽에서 태동했으며 이를 북부로 전파한 것은 가톨릭 은행업자들이었다고 바르게 지적했다.

영국인 경제사학자 R. H. 터니Tawney, 1880-1962는 명저《기독교와 자본주의의 발흥》한길사 역간에서 산업 자본주의는 남유럽의 가톨릭 도시들에서 잉태되었으며 북부에 자본주의가 출현했을 때에도 초기에는 남부 출신의 가톨릭 은행가들이 주도했다는 것을 훨씬 상세하게 재기술했다. 터니는 여기서 한발 더 나아가 새로운 관점을 추가했다. "태동기의 자본주의가 … 칼빈의 사업_{enterprise}과 부의 증식에 대한 태도를 [형성했으며] 그 역순이 아니다."**14**

1933년 다른 영국인 사학자 H. M. 로버슨₁₉₀₅₋₈₄은 다시금 시기상 자본주의의 발흥이 종교개혁을 한참 앞서며 그 모태가 가톨릭임을 입증했다. '개신교 윤리'는 이미 자본주의 마인드를 가진 중산층의 산물이었다.

1940년대와 50년대 초까지 이렇게 베버를 배격하는 주장들이 나오다가 드디어 중대한 연구가 등장했다. 바로 커트 사무엘슨_{Kurt Samuelsson, 1921-2005}이 1957년 스웨덴어로 출간하고 1961년에 영역본이 발간된《종교와 경제 행동: 개신교 윤리, 자본주의 발흥, 학문의 남용》*Religion and Economic Action: The Protestant Ethic, the Rise of Capitalism, and the Abuses of Scholarship*이다. 이 책의 서평에서 하버드대학교 교수인 사회학자 조지 호만스₁₉₁₀₋₈₉는 저자가 "베버의 가설을 단지 여기저기 뜯어고친 게 아니라 박살을 냈다"고 표현했다.**15** 사무엘슨은 시기적으로 볼 때 산업 자본주의의 발흥이 종교개혁에 선행했다는 풍성한 증거를 재차 거론했다.

그러나 베버의 논제는 여러 교과서에서 소소한 '적용 사례'라는 이름으로 여전히 명맥을 유지하고 있다. 그래서 1969년 유명한 영국인 사학자 휴 트레보-로퍼₁₉₁₄₋₂₀₀₃는 "대규모 산업 자본주의가 종교개혁 이전에는 이념적으로 불가능했다는 발상은 그것이 실제 가능했다는 단순한 사실로 초토화된다"**16**고 일부러 지적한 것이다. 10년 후 프랑스 사학자 페르난드 브라우델₁₉₀₂₋₈₅은 이렇게 성토했다.

> 모든 역사학자가 이 끈질긴 [개신교 윤리] 이론을 반대해 왔지만,
> 완전히 제거하진 못했다. 그러나 이 이론은 명백히 틀렸다. 북부
> 나라들은 지중해의 옛 자본주의 중심지가 오랜 세월 기발한 역
> 량으로 차지했던 자리를 꿰차고 들어갔을 뿐이다. 기술이나 사
> 업 경영, 무엇을 보더라도 북부 나라들이 발명한 건 아무것도 없
> 다.[17]

그럼에도 1998년 국제사회학협회[ISA]는 표결을 통해 베버의
《프로테스탄트 윤리와 자본주의 정신》을 20세기에 네 번째로 중
요한 사회학 서적으로 선정했다. 나를 포함한 많은 이들이 이 발
표에 충격을 받았으며, 사회학이 언제쯤 실증과학이 될 것인지,
과연 그런 날이 오기는 할 건지 망연자실했다. ISA의 발표에 자극
을 받은 유럽 태생의 두 미국 사회학자, 자크 드라크로아와 프랑
스와 닐슨은 개신교 윤리 논제가, 그들의 표현을 빌리자면, 단지
"사랑받는 학술적 신화"[18]에 불과함을 제시하기 위한 연구에 착수
했다. 연구는 역사적 통계자료를 근거로 해야 한다.
　두 학자가 마주한 첫 번째 과제는 유럽 국가 내 산업 자본주의
의 범위에 관해 가능한 한 초기 데이터를 수집하는 것이었다. 마
침내 그들은 오스트리아, 벨기에, 덴마크, 핀란드, 프랑스, 독일,
영국, 아일랜드, 이태리, 네덜란드, 노르웨이, 포르투갈, 스페인,

스웨덴, 스위스의 자료를 입수했다. 그들은 각 나라의 19세기 중엽의 인구 중 개신교인의 비중을 파악한 다음, 산업 인력으로 고용된 남성 노동자의 비중과 철도망의 범위 등 몇몇 척도를 규정했다. 또한, 1인당 재산, 1인당 은행예금 잔고, 제1주식거래소 설립년도 등의 금융 척도를 적용했다. 그러고선 개신교와 이런 산업 자본주의 척도 간의 상관관계를 계산했다. 결과는 0이었다. 가톨릭과 개신교 나라 사이에 아무 차이가 없었다!

2011년에는, 무려 1500년도까지 거슬러 올라가 15개 주요 유럽국의 1인당 GDP와 1인당 GDP 성장률까지 참고한 새로운 연구 결과가 발표되었다. 여기서도 개신교와 산업 자본주의의 발흥 간에는 어떤 의미 있는 상관관계도 발견되지 않았다.[19] 마지막으로 하버드대학교의 다비드 칸토니 교수가 1300년부터 1900년까지 272개 독일 도시들의 성장 데이터를 취합하여 분석한 결과 개신교가 경제 성장에 어떤 영향도 미치지 못한 것으로 밝혀졌다고 보고했다.[20]

이제 우리는 20세기의 4대 사회학 명저에 대해 더 이상 무슨 말을 할 수 있을까. 그럼에도 베버가 전부 틀린 건 아니었다. 종교는 실제로 자본주의의 발흥에서 큰 역할을 담당했다. 그러나 자본주의는 '개신교 윤리'를 바탕으로 한 것이 아니라 매우 '가톨릭적인' 발명품이었다. 자본주의가 처음 출현한 곳은 9세기의 수도원 영지에서였다.

수도회 제도와 자본주의*

* 다음 세 단락은 2016년 저자의 책에 부분적으로 실린 내용이다.

성경은 종종 탐욕과 재물을 정죄하지만("돈을 사랑함이 일만 악의 뿌리가 되나니")[21] 상업과 상인을 직접 정죄하진 않는다. 그러나 초기 교부들은 그리스-로마 세계에 만연했던 관점을 공유했다. 즉, 상업은 품격이 떨어지는 활동이며 아무리 좋게 봐도 큰 도덕적 위험이 수반된다는 것이다(매매 과정에서 죄를 피하는 게 매우 어렵기 때문이다).[22] 그러나 콘스탄틴의 회심(주전 312년) 이후 더 이상 금욕주의자가 주도하지 않았던 교회는 상업에 점차 누그러진 태도를 보이기 시작했다. 그리하여 어거스틴은 상업에 악이 내재된 것이 아니라 여느 직업과 마찬가지로 의로운 삶은 개개인이 감당할 몫이라고 가르쳤다.

어거스틴은 또한 가격은 판매 원가뿐 아니라 상품에 대한 구매자의 욕구로도 결정된다고 판단했다. 어거스틴이 정당성을 부여한 것은 단지 상인만이 아니었다. 그의 논리로 9세기경 유수의 수도회 영지에서 출현하여 초기 자본주의의 탄생에 깊이 관여한 교회도 정당화되었다. 9세기를 기준으로, 지난 수 세기 동안 소를 말로 대체하고 무거운 보습 쟁기와 3부 윤작법을 도입하는 등 중대한 농업 혁신이 이루어졌다. 결과는 농업 생산성의 엄청난 증가였다. 이제 수도원 영지는 더 이상 단순생계형 농업이 아니었다. 오히려 특정 작물과 농산물을 전문화하기 시작했고, 이를 판매해 거둔 수익으로 다른 필요한 것을 구매할 수 있었다. 이것이 현금 경제의 시작이었다. 수도원은 또한 거두어들인 수익으로 생산력 증대를 위해 재투자했고, 수익이 계속 불어나자 많은 수도회가 귀족에게 돈을 꿔주는 은행 역할을 했다(많은 십자군 사령관이 수도회에서 대출을 받았다). 랜덜 콜린스가 지적했듯이 이는 단지 "자본주의의 제도적 전제조건"만 있는 일종의 '원형' 자본주의가 아니라 "성숙한 자본주의의 특성을 고루 갖춘 자본주의 그 자체"였다.[23] 콜린스는 이를 "종교 자본주의"[24]로 이름 짓고 "중세 경제가 역동적이었던 주요 원천은 교회였다"[25]고 부연했다.

중세 시대 내내 교회는 유럽의 최대 지주였고, 교회의 유동자산과 연간 수입은 가장 부유한 왕을 능가했으며 어쩌면 유럽의 모든 귀족을 합친 것보다 많았다.[26] 부의 상당 부분이 수도회 금고로 유입되었고, 전례 예배에 대한 사례와 재산 기증이 교회 수입의 큰 부분을 차지했다(영국의 헨리 7세는 자신의 영혼을 위한 1만 번의 미사 봉헌을 주문하고 이에 사례했다).[27] 많은 토지 헌물에 수도회가 부를 재투자하여 매입하고 개간한 토지까지 더해져 고속 성장의 시대가 열렸다.

결과적으로 수도회는 방대한 지역 곳곳에 토지를 소유한 대지주로 부상했다. 11세기 무렵 1,000개의 수도원 지부를 거느린 거대한 클뤼니 수도회에 비하면 초라했지만, 많은 수도회가 50개 이상의 지역 수도원을 거느리고 있었다.[28] 12세기 끌레르보의 성 버나드가 이끄는 시토 수도회는 클뤼니 수도회의 방탕한 씀씀이를 비판했다. 그러나 효과적인 조직 운영과 검소한 생활로 시토 수도회 역시 급속도로 유럽 최대의 지주로 부상했다(많은 시토 수도원이 10만 에이커[약 404제곱킬로미터로, 참고로 서울 면적이 605제곱킬로미터이다―편집자] 규모의 경작지를 소유했으며, 헝가리의 한 시토 수도원은 25만 에이커의 밭을 소유했다).[29] 이 성장에는 헌금도 일조했지만, 상당 부분은 휴경지를 사들이고 산림 벌목과 침수 지역의 불모지를 경작지로 바꾼 결과였다. 일례로 레된Les Dunes 수도원의 수도사들은 플랑드르 해안선을 따라 늪지대를 개간하여 약 25,000에이커의 옥토를 확보했다.[30]

이 대대적 확장기의 주요 동인은 인구 성장[31]과 생산성 증가였는데, 그중 생산성 증가가 더 큰 역할을 했다. 이전 시대 영지는 대체로 자급자족이었다(영지에서 먹고 마시고 땔감으로 쓸 것을 생산했고, 자체적으로 옷을 지어 입고 가죽을 만들며 대장간과 도자기 가마까지 운영하기도 했다). 그러나 생산성이 크게 향상하면서 전문화와 상거래가 등장했다. 이제 어떤 영지는 와인만 생산했고, 어떤 영지는 특정 작물만 재배했고, 어떤 영지는 소나 양 사육만 했다(포사노바의 시토 수도사들은 명마 사육의 전문가들이었다).[32]

한편 농업 잉여분이 급증하자 마을과 도시가 우후죽순으로 생겨나고 성장했다(실제로 많은 수도회 본부가 그 자체로 하나의 도시가 되었다). 크리스토퍼 더슨1889-1970은 820년 스위스에 위치한 성 걸St. Gall 대수도원에 관해 이런 글을 썼다. "이는 더 이상 옛적 수도원이 꿈꾸었던 소박한 신앙 공동체가 아니라, 고대 신전 도시들처럼 여러 부류의 피부양자, 근로자, 하인 계층 등의 전체 인구 집단을 수용하고, 건물, 교회, 작업장, 창고, 사무실, 학교, 구제소로 이뤄진 복합 대단지로 볼 수 있다."[33]

수도회 영지가 성장하여 여러 흩어진 외곽 거점을 지탱하는 소도시가 되고 전문화가 진행되며 상거래 의존도가 높아질 즈음, 세 가지 중요한 변화가 일어났다. 첫째, 수도원은 보다 세련되고 장기적 관점을 지닌 관리조직이 되었다. 수도회 영지에서 이런 변화가 활발히 일어난 이유는 귀족과 달리 수도원은 예측을 불허하는 상속자의 리더십에 구애받지 않았기 때문이다. 수도회는 본질적으로 능력제 사회였다. 재능 있고 헌신적인 행정가들은 장기적인 계획을 추진할 수 있었다. 조지스 두비의 말처럼 새 시대의 수도원 "행정가들은 관심을 내부 경제로 돌려 숫자를 다루고 손익을 계산하고 생산을 확대할 방법과 수단을 강구해야 했다."[34]

전문화에 수반된 두 번째 변화가 물물교환 경제에서 현금 경제로의 이행이었다. 와인을 제조하는 수도원에서 와인 이외의 재화를 이리저리 운반하고 취급하는 일은 너무나 복잡하고 번잡했다. 차라리 와인을 팔아 현금을 받고 가장 편리하고 경제적인 공급자로부터 필요한 재화를 구매하는 편이 훨씬 더 효과적이었다. 9세기 후반부터 현금 의존 경제가 급속도로 확산되었다. 어쩌면 현금 경제를 최초로 도입한 이들은 (플로렌스 인근) 루카의 수도사일 것이다. 1247년 프란체스코 수도회의 사관史官이 버건디(부르고뉴)에 위치한 프란체스코 수도회 영지에 관해 쓴 글을 보면, 이 무렵 현금 경제가 유럽 전역에 뿌리내렸음을 알 수 있다.

> 수도사들은 씨를 뿌리거나 거두거나 곳간에 모아들이지 않지만, 파리에 와인을 보낸다. 바로 옆에 파리로 흘러 들어가는 강이 있기 때문이고, 와인을 팔면 좋은 값을 받을 수 있기 때문이고, 그걸로 먹을 양식 전부와 입을 옷 전부를 얻을 수 있기 때문이다.[35]

초창기부터 자본주의는 소박한 규모의 밭과 육축을 소유한 수도회에 막대한 부를 안겨주었다. 이와 대조적으로 그리스-로마 시대의 영지는 (세계 여느 지역과 마찬가지로) 잉여 농산물 형태로 부유한 지주를 위한 지대수익을 창출해야 한다는 기대는 있었지만, 전적으로 또는 대체로, 자급자족이었다. 더욱이 생산성이 너무 낮아 부유한 일가가 품위를 유지하며 생활하려면 막대한 규모의 영지를 소유해야 했다.

세 번째 변화는 신용대출이었다. 물물교환은 신용대출과는 어울리지 않는다. 후일에 닭 300마리를 지불하기로 합의하고 외상거래를 하면 채권인 가금류의 가치에 따라 다툼이 발생할 소지가 있다(늙은 암탉이냐, 수탉이냐, 새끼 암탉이냐?). 그러나 누군가에게 2온스의 금을 빚졌다는 것이 정확히 어떤 의미인가에 관해서는 시시비비의 여지가 없다.

수도회들은 서로 화폐로 신용대출을 해주기 시작했고, 점점 더 부자가 되면서 이자를 받고 돈을 빌려주었다. 일부 주교들도 이자를 받고 돈을 빌려주었다. 11세기와 12세기에 클뤼니 수도회는 이자를 받고 버건디의 여러 귀족에게 거액을 대출했다.[36] 1071년 리에주의 주교는 믿기 어려운 거액인 금 100파운드와 은 175마르크를 플랑드르의 공작 부인에게 빌려주었고, 추후 은 1,300마르크와 금 3마르크를 남로렌 공에게 빌려주었다. 1044년 보름스의 주교는 금 20파운드와 (금액을 명시하지 않은) 다량의 은을 헨리 3세 황제에게 빌려주었다.

이와 유사한 사례들이 많았고, 현존하는 여러 기록에 의하면 이 시대는 주교와 수도원이 귀족에게 돈을 빌려주는 일이 다반사였다.[37] 13세기가 되자 수도원의 대출은 종종 '모기지'mortgage 형태를 띠었다(문자적으로 '모기지'는 '죽음의 서약'이란 뜻이다). 여기서 대출자는 토지를 담보로 약정하고 대부자는 대출 기간에 토지에서 나오는 모든 수익을 가져간다. 하지만 그 금액을 원금에서 제하지는 않는다. 이 모기지 관행으로 수도원의 토지가 더 불어났다. 수도사들이 압류를 마다하지 않았기 때문이었다.[38]

그러나 수도사들이 토지에 투자하거나 미어터질 듯한 금고에서 돈을 대출해주는 일만 한 건 아니었다. 그들은 밭과 포도원과 곳간을 떠나 전례 '업무'에 몰두하면서, 연옥에 갇힌 영혼과 내세에서 더 좋은 운명을 누리길 소원하는 살아있는 시혜자들을 위한 유료 미사를 끝도 없이 집전했다. 수도사들은 이제 여흥과 사치를 즐겼다. 클뤼니의 수도사들은 "양질의 음식을 풍성하게 제공받았다. 그들의 옷장은 매년 새로운 옷으로 채워졌다. [성 베네딕트] 규

율이 정한 육체 노동은 주방 주변에서 약간의 상징적인 일을 하
는 것으로 축소되었다. 수도사들은 귀족처럼 살았다."[39] 다른 대형
수도원도 마찬가지였다. 이 모든 변화가 가능했던 것은 대형 수도
원이 '고용 인력'을 활용했기 때문이었다. 고용 인력은 수도사보
다 생산성이 높았고[40] 일정 기간 의무 부역을 하는 소작인보다도
생산성이 높았다. 실제로 소작인들은 이미 오래전부터 돈을 내는
것을 대신하여 부역 의무를 감당했다.[41] 따라서 수도사들은 '종교
자본주의'가 전개되는 와중에도 여전히 성실하게 의무를 다했다.
그러나 전례를 집전하는 수도사 외에 나머지 수도사들은 이제 관
리자와 감독자로 '일'했다. 이런 식으로 중세 수도원은 놀랄 만치
(훌륭한 행정관리와 최신 기술의 발 빠른 도입을 특징으로 하는) '근대'
기업을 닮아 갔다.[42]

일과 절약의 미덕

전통사회는 일을 멸시하며 소비를 찬양했다. 특권 엘리트층만
그런 게 아니라 노동을 업으로 하는 사람도 그랬다. 노동의 위엄
이나 일의 미덕은 고대 로마나 자본주의 이전에 어떤 사회에서도
이해받지 못하는 개념이었다. 오히려 부의 목적이 소비에 있듯이,
일에서도 되도록 남이 대신 하게 하고 불가피한 경우 되도록 적게
일하기를 선호했다. 중국에서 만다린족은 어떤 노동도 하지 않는

것을 과시하기 위해 가능한 한 손톱을 길게 길렀다(손톱 파손을 방지하려고 얇은 은빛 나는 천까지 덧씌웠다). 하지만 자본주의는 일에 관해 놀랄 만치 색다른 태도를 요구하고 장려한다. 일을 그 자체로 미덕으로 보며 소비 절제의 덕스러운 가치를 인정하는 것이다. 물론 막스 베버가 이를 이른바 '개신교 윤리'로 규정한 이유는 이것이 가톨릭 문화에는 부재했다고 믿었기 때문이었다.

하지만 베버는 틀렸다.

실제로 일과 소박한 생활을 미덕으로 간주하는 믿음은 자본주의의 발흥과 나란히 등장하기는 했다. 그러나 그 시기는 마르틴 루터가 태어나기 몇백 년 전이었다. 다수의, 어쩌면 대부분 수도사와 수녀가 귀족과 부유한 가문 출신이었다.[43] 그럼에도 그들은 단지 신학이 아니라 실천을 통해 일을 존귀하게 여기는 가치관을 드러냈다. 랜덜 콜린스는 그들이 "개신교가 없는 상태에서 개신교 윤리관을 가지고 있었다"라고 고찰했다.[44]

6세기의 성 베네딕트는 그 유명한 《규칙서》*Rule* 에서 일의 미덕에 관해 분명하게 명시했다. "게으름은 영혼의 원수다. 그러므로 형제들은 기도와 독경뿐 아니라 육체노동 기간을 구체적으로 정하고 이행해야 한다. … 우리의 교부들과 사도들이 그랬듯이 손의 수고로 살아갈 때 참 수도사가 될 것이다."[45] 14세기 영국 어거스틴 수도회의 월터 힐튼은 "육적 생활의 훈련으로 영적 노력을 감당할 능력을 얻게 된다"라고 말했다.[46]

육체노동에 대한 이런 확신이야말로 다른 종교 문화에서 발견되는 금욕주의와 기독교적 금욕주의가 현저하게 구별되는 지점이다. 가령 동방의 성인들이 명상에 전념하고 구제로 생활한 것과는 대조적으로 중세 기독교 수도사들은 생산성이 높은 영지를 유지하며 자신의 노동으로 생활했다. 이는 "금욕적 열정이 세상에서의 도피로 고착화되는 것"[47]을 방지하고 경제 문제에 건강한 관심을 유지하기 위함이었다. 비록 '개신교 윤리' 논제는 틀렸지만, 자본주의를 '기독교 윤리'와 결부하는 것은 전적으로 적절하다.

고로 9세기 즈음 태동하여 성장한 수도원 영지는 비교적 자유로운 시장 안에서 복합적 상업 활동을 추구하며 예상 수익률과 실제 수익률을 길잡이 삼아 인력을 고용하고 생산 활동에 투자하는 짜임새 있고 안정적인 조직이었다는 면에서 기업의 닮은꼴이었다. 이것이 명실상부한 자본주의가 아니면 무엇이겠는가? 설령 자본주의라고 부를 수 없더라도 거기에 충분히 근접했던 것만큼은 확실하다.

자본주의와 신학의 진보

기독교 신학은 결코 부동의 결정체였던 적이 없었다. 만일 인간이 더 많은 지식과 경험을 통해 성경을 더 잘 이해하는 것이 하나님의 뜻이라면, 교리와 해석을 끊임없이 재평가해야 한다. 그리고 실제로 그랬다.

유수 수도회의 이런 경제 활동은 기독교 신학자들이 이윤과 이자에 관한 교리를 재고할 수밖에 없는 환경을 조성했다. 어거스틴이 이윤을 긍정했다고 하더라도 과연 이윤율에 대한 도덕적 제한은 없는 걸까? 성경은 고리대금을 죄악시하지만, 이자를 금지하면 어떻게 외상 구매나 차입을 통한 자금 마련을 할 수 있을까?

초기 기독교의 이자와 이윤에 대한 반대

12세기와 13세기에 토마스 아퀴나스를 비롯한 가톨릭 신학자들은 '고리대금'을 반대하는 유구한 전통을 입으로는 추켜세우면서도 도덕적으로 이윤은 정당하다고 선언했다. 그렇게 그들은 이자를 정당화했다. 이런 식으로 가톨릭교회는 이미 개신교 출현 수세기 전부터 초기 자본주의와 화평을 이루었다.

기독교의 이자(고리대금) 반대는 유대인으로부터 계승받은 것이다. 신명기 23장 19~20절 가르침이다.

네가 형제에게 꾸어주거든 이자를 받지 말지니 곧 돈의 이자, 식물의 이자, 이자를 낼 만한 모든 것의 이자를 받지 말 것이라. 타국인에게 네가 꾸어주면 이자를 받아도 되거니와 네 형제에게 꾸어주거든 이자를 받지 말라.

외국인에겐 이자를 받을 수 있다는 말씀은 유대인이 기독교 사회에서 어떻게 대부업자 노릇을 할 수 있었는지를 설명해준다. 때로는 자금이 필요한 그리스도인이 유대인에게 접근하여 대부자 역할을 해달라고 요구하기도 했다(이로써 역사가들이 종종 외면하는 결과를 가져왔는데, 중세에 재력 있는 그리스도인 중에는 유대인으로 위장하는 이들이 꽤 있었다).[48]

물론 그리스도인은 이스라엘 백성은 아니므로 신명기의 이자 금지가 그리스도인의 이자 부과를 원천봉쇄하는 건 아니다. 그러나 사람들은 누가복음 6장 34~35절 말씀을 이자 금지로 이해했다. "너희가 받기를 바라고 사람들에게 꾸어주면 칭찬받을 것이 무엇이냐 죄인들도 그만큼 받고자 하여 죄인에게 꾸어주느니라. 오직 너희는 원수를 사랑하고 선대하며 아무것도 바라지 말고 꾸어주라."

따라서 대출 이자 부과는 '고리대금의 죄'로 규정되었는데, 명목상으론 널리 단죄하면서도 실제 관행에서는 대체로 못 본 척 눈감아주는 죄가 되었다. 사실 이미 지적한 바와 같이 9세기 후반에 이르면 유수의 수도회가 은행업으로 진출했으며 주교들은 귀족 다음으로 대출 의존도가 높았다. 허다한 주교들이 수도회와 바티칸이 전적으로 인정한 이탈리아의 사설 은행으로부터 대출을 받았다. 1229년 리머릭의 주교가 로마 은행에서 빌린 돈을 전액 상환하지 못하자 교황은 8년간 50퍼센트의 이자를 상환한다는 새로운 합의를 받아들일 때까지 그를 파문했다.[49] 대출 수요가 너무 큰 나머지 만연하여 이탈리아 은행은 유럽 대륙 전역에 지점을 개설했다. 많은 주교와 수도회, 심지어 로마 교황청 고관들까지 고리대금 관행을 눈감아주었지만, 그래도 이자에 대한 반대는 여전했다. 1139년 2차 라테란 공의회까지만 해도 교회는 "신구약 성경 공히 회개하지 않는 고리대금업자를 정죄하므로 그들은 교회의 위로와 기독교 장례를 받을 자격이 없다"[50]고 판단했다. 그럼에도 "1215년, 교황청 안에도 돈이 궁한 고위 성직자들에게 대출을 해주는 고리대금업자들이 있었다"는 것을 입증하는 문서들이 있다.[51]

여러 유력한 기독교 수도회가 계속 이윤을 극대화하며 시장이 감당할 만한 금리라면 가리지 않고 돈을 빌려주다 보니, 전통적인 성직자들로부터 탐심의 죄에 빠졌다는 비난이 빗발쳤다. 이 일을 어찌해야 할까?

'정당한 가격'과 타당한 이자에 관한 신학

물론 사람들이 자기 노동의 산물을 그냥 공짜로 내줄 것을 기대할 수는 없다. 그러나 이자 수취에 상한선은 없는 걸까? 우리가 요구하는 이자가 죄가 될 정도로 높지 않다는 것을 과연 어떻게 확신할 수 있을까?

13세기의 작가, 성 알버투스 마그너스는 '정당한 가격'은 단순히 "매매 시점에 시장이 재화의 가치로 추산한 것"[52]이라고 제안했다. 그러니까 강압이 없는 상태에서 구매자가 지불할 의향이 있는 가격이라면 정당하다는 것이다. 애덤 스미스는 이 정의에서 어떤 흠결도 찾지 못했을 것이다. 훨씬 더 많은 단어를 사용하여 스승의 말을 되풀이했던 토마스 아퀴나스는 다음 질문으로 정당한 가격에 대한 분석을 시작한다. "한 사람이 무언가를 그 가치보다 더 높은 가격에 파는 것이 타당할까?"[53]

그는 먼저 어거스틴을 인용하여 인간은 "싸게 사고 비싸게 팔기를 원하므로" 이것이 자연스럽고 타당하다고 대답한다. 그다음 아퀴나스는 정당한 거래와 사기를 구별한 다음, 가격이 실상 객관적 가치는 아님을 인정한다("물건의 정당한 가격은 절대적으로 고정된 것이 아니다"). 구매자에게 허위정보를 제공하거나 강압을 행사한 경우를 제외하고 물건에 대한 구매자의 욕구와 매매자의 팔고 싶은 마음이나 팔기 싫은 마음의 작용으로 가격이 결정된다는 것을 그는 인정했다. 가격이 정당하려면 주어진 시점에 모든 잠재적 매입자에게 동일한 가격을 제시해야 하며 가격 차별을 배제해야 한다.

시장의 힘에 대한 아퀴나스의 존중을 단적으로 드러내는 예가 있다. 아퀴나스는 기근으로 고통받는 나라에 곡물을 가져온 상인 이야기를 한다. 이 상인은 얼마 후 다른 상인들이 이 지역으로 더 많은 곡물을 들여올 것을 알고 있다. 당시 시장가인 높은 가격에 곡물을 판다면 상인이 죄를 짓는 것일까? 아니면 매입자들에게 얼마 후 곡물이 추가 유입된다는 사실을 알려서 가격이 떨어지게 해야 할까? 아퀴나스는 이 상인이 입 다물고 현재의 고가로 판매하더라도 깨끗한 양심을 유지할 수 있다고 결론 내린다. 대출이자에 관해서는 그답지 않게 오락가락한다. 어떤 글에서는 모든 이자 부과를 고리대금으로 죄악시하지만, 어떤 글에서는 빌려주는 사람도 일정한 보상을 받을 자격이 있음을 인정한다. 그러나 왜, 얼마나 보상받아야 하는지에 관해서는 얼버무렸다.[54]

그러나 급속도로 확장하는 상업 경제의 현실적 압박에 직면한 아퀴나스의 동시대인들, 특히 교회법 학자들은 그처럼 신중하게 접근하지 않았다. 그들은 이자 부과가 고리대금에 해당하지 않는 여러 예외를 '발견'해내기 시작했다.[55] 일례로 영지 같은 생산적 재산을 담보로 제공할 경우 대부자는 대출 기간 모든 산출물을 취하면서도 이를 원금에서 공제하지 않을 수 있다.[56] 또한 대부자가 재판매를 위해 재화를 매입하거나 밭을 새로 사는 등 여타의 상업적 기회에 돈을 쓰지 못해 발생하는 비용 역시 배제된다. 이런 대안적 이윤 창출의 기회가 전적으로 합법적이므로 대부자에게 기회 포기에 따른 배상을 하는 것 역시 합법이라는 논리였다.[57] 이와 동일한 정신으로 외상 구매에 대해서도 이자를 물리는 것 역시 적절하다고 여겼다.[58]

은행은 위에서 언급한 고리대금의 예외 항목 외에는 고정금리로 대출해주지 않았다. 그 이유는 '원금의 모험성'이 없으면 고리대금으로 간주될 수 있기 때문이었다. 사전에 확실하게 수익금을 알 수 없고 '모험성'이 있을 경우만 이자가 타당하다는 발상이다. 그러나 은행가들은 겉보기에는 모험적이지만 실은 수익이 전적으로 예측 가능한 상업어음, 환어음, 환거래 등의 대출 방법으로 이자에 상응하는 수익을 거두면서도 위의 금지조항을 손쉽게 우회했다.[59] 고로 비록 문서상으론 고리대금의 죄가 존재했지만, 이른바 '고리대금'은 실체 없는 용어가 되어버렸다.

고로 적어도 13세기 말까지는 유수의 기독교 신학자들이 수익, 재산권, 신용, 대출 등 신흥 자본주의의 주요 요소에 관해 충분한 논쟁을 마친 터였다. 레스터 리틀은 이렇게 요약했다. "각각의 경우에 신학자들은 대체로 호의적이면서도 긍정적인 관점을 제시했다. 바로 직전 세대까지 근 6~7세기 동안 신학계를 지배해왔던 자세와는 크게 상반된다."[60] 마침내 자본주의가 모든 종교의 족쇄로부터 전면적, 최종적 자유를 얻은 것이다.[61]

이는 괄목할 만한 전환이었다. 사실 이들은 세상으로부터 고립되기를 자처했던 신학자들이었고, 대부분은 청빈 서약을 했다. 선대 신학자들은 대부분 상인과 상행위를 멸시했다. 만일 진정한 금욕주의가 수도회를 지배했다면, 기독교의 상업에 대한 무시와 반대가 이토록 급진적으로 변하거나 누그러지진 않았을 것이다. 이런 혁명은 세속의 당면 과제와 직접 몸으로 부대낀 결과였다. 수도원 관리자들은 진실한 구제 활동을 많이 했지만 전 재산을 가난한 사람에게 내주거나 원가에 물건을 판매할 의향은 없었다. 유력한 수도회의 활발한 자유시장 참여야말로 수도원에 속한 신학자들이 상업의 도덕성을 다른 관점에서 바라보게 만든 동인이었다. 교계 지도층의 뚜렷한 세속성도 이 변화를 부추겼다.

수도회에 속한 이들과 달리 교계의 고위관리들은 거의 청빈 서약을 하지 않았으며 오히려 호사로운 생활에 확실한 흥미를 드러냈다. 주교와 추기경은 고리대금업자의 우수 고객이었다. 대부분의 교계 고관들이 교회 수입으로 고수익을 기대하면서, 투자의 일환으로 직분을 매입했음을 생각할 때 이는 그리 놀랄 일이 못 된다. 실제로 어떤 교회 직분은 경력이 전무한 상태에서, 때론 사제 서품도 받지 않고, 심지어 세례도 받기 전에(!) 주교나 추기경 직분을 사들이는 일이 가능했고 실제로 그런 일이 일어났다.[62] 중세 교회의 이런 면모는 끝없는 비리와 갈등의 원천이었고 결국은 종교개혁으로 정점을 찍은 많은 이단 종파 운동을 양산했다. 하지만 교회의 세속성은 자본주의 발전에 지대한 역할을 했다. 교회는 자본주의의 걸림돌이 아니었다. 아니, 교회는 12세기와 13세기의 '상업 혁명'을 정당화했고 거기에 적극 가담했다.[63]

이탈리아 도시 국가들

수도원 영지가 자본주의의 모태였다면, 이탈리아의 민주화된 도시국가들은 자본주의가 활짝 꽃피는 데 최적의 환경을 제공했다. 10세기의 이탈리아 도시국가들은 북유럽, 플랑드르, 홀란드(네

딜란드), 영국의 공급자에게서 사들인 재화를 주 고객인 비잔틴과 북아프리카 연안의 이슬람 국가에 수출했고, 그 과정에서 유럽 은행업과 무역 거래의 주축으로 급속히 부상했다. 이탈리아 도시국가들은 산업화되었고 이내 지중해 전역에서 수출품을 대량생산하며 엄청나게 많은 상품을 다시 북유럽과 영국 해협으로 수송하는 일을 시작했다. 일례로 플로렌스와 베니스에 있는 안경 공장들은 근시 안경뿐 아니라 원시 안경까지 대량생산하여 매년 수만 개의 안경을 수출했다.

이탈리아 자본주의의 가장 충격적인 면모는 은행업의 신속한 완성일 것이다. 이탈리아 은행가들은 이내 복식부기 장부를 계발하여 사용했고, 장거리 교역을 활성화하기 위해 환어음을 발명했다. 이제 주화나 귀금속을 베니스의 무역회사에서 영국의 양모 무역상에게 보내거나 플로렌스의 은행에서 제노아의 은행으로 운반하는 번거롭고도 위험천만한 일은 하지 않았다. 종이로 자금을 송금하는 일이 가능해졌기 때문이다. 또한 이탈리아 은행가들은 육로나 해로를 이용한 장거리 운송 중에 발생할 수 있는 손실에 대비하고자 보험을 만들었다.

어쩌면 이탈리아 은행업의 숱한 혁신 중 가장 중요한 것은 힌두-아랍 숫자와 '0' 개념의 도입을 바탕으로 한 근대 산술 체계의 완성일 것이다. 번잡한 수數 체계 탓에 로마인들은 덧셈과 뺄셈조차 부담스러워했다. 새로운 산술 체계는 용이함과 정확성 측면에서 가히 혁명적이었다. 북이탈리아 도시국가에서 산술학교가 우후죽순으로 생겨났으며 이 학교에 입학하려고 북유럽에서 온 학생들도 있었다. 쉽고 정확한 계산법이 보급되자 비즈니스 관행이 완전히 바뀌었다.[64] 이 모든 것은 이탈리아 도시 국가에서 은행이 급증하는 현상과 맞물려 일어났다. 13세기 즈음 플로렌스에는 38개의 독립 은행이 있었고 피사에 34개, 제노아에 27개, 베니스에 18개의 은행이 있었다(유력한 이탈리아 도시국가들을 합치면 총 173개의 은행이 있었다).[65] 더욱이 대다수의 이탈리아 은행은 해외 지점을 두었다. 1231년 69개의 이탈리아 은행이 영국에 지점을 운영했으며 아일랜드에도 영국과 비슷한 수의 지점을 운영했다. 사실 15세기 중후반까지만 해도 서유럽의 모든 은행은 이탈리아에 있거나 이탈리아 은행의 지점이었다.[66]

이탈리아에서 자본주의가 발흥한 근접近接 원인은 유럽을 비롯한 세계 전역에서 경제적 진보를 억누르거나 좀먹는 약탈적 지배자들에게서 자유로웠기 때문이었다. 비록 이탈리아 정계는 부침이 심했지만, 도시국가들은 자본주의의 필수조건인 자유를 유지할 역량을 갖춘 진정한 의미의 공화국이었다. 둘째, 수 세기의 기술적 진보로 자본주의 발흥에 꼭 필요한 토대가 마련되었고, 특히 도시 유지와 전문화에 필요한 농업 잉여가 창출되었다. 이에 더하여 미래에 대해 지극히 낙관적인 관점을 독려하는 기독교 신학 덕분에 장기적인 투자 전략이 정당화되었다. 이 무렵의 신학은 자본주의의 근간을 이루는 여러 사업 관행에도 도덕적 정당성을 부여했다.

이것이 서구 문명에서 자본주의가 발흥하게 된 과정이다. 베버의 유명한 논제가 표방하는 내용은 실은 연구가 아니라 분수에 지나친 개신교의 추측이었다. 개신교가 시대착오적 가톨릭 단일 체제의 수중에서 서구 문명을 해방했다는 오만한 주장은 비단 베버만의 영감은 아니었다(어쩌면 베버의 논제를 교과서에서 완전히 뿌리 뽑지 못하는 이유가 여기에 있을 것이다). 이 주장은 다른 여러 분수에 지나친 신화들을 양산했고, 그중 몇 가지를 5장과 6장에서 제시할 것이다.

5

개신교는 실제로
과학 혁명을 일으켰나

1676년 아이작 뉴턴은 "내가 더 멀리 내다본다면 그건 거인들의 어깨 위에 서 있기 때문이다"라는 유명한 말을 남겼다. 안타깝게도 많은 이들이 뉴턴의 진심 어린 말이 진실이었음을 깨닫지 못한 채 이 발언을 인용한다. 과학은 뉴턴 시대에 와서 위대한 지식 혁명을 만나 별안간 폭발한 게 아니었다. 이 혁혁한 성취의 시대는 수 세기에 걸쳐 이루어진 꾸준하고도 정상적인 과학적 진보의 귀결점이었다. 그리고 그 시발점은 13세기까지 거슬러 올라가는 유럽의 새 발명품인 대학에 있었다.

사실 뉴턴의 제1운동법칙[1]은 옥스퍼드 대학교 오컴William of Ockham, 1285-1349이 말한 "물체의 운동은 마찰과 같은 어떤 힘이 작용하지 않는 한 계속된다"라는 통찰에서 이미 예견된 것이었다. 파리 대학교 교수인 장 뷔리당1300-1358이 '관성'의 법칙을 발견하여 오컴의 통찰을 더 정교하게 발전시켰다(즉, 외부의 힘이 작용하지 않는

한 정지한 물체는 계속 정지할 것이며 운동하는 물체는 계속 운동할 것이다). 물론 뉴턴의 제1법칙은 그의 위대한 물리학 체계의 출발점에 불과했다. 하지만 이른바 '계몽주의' 철학자들이 뉴턴을 예찬하며 했던 주장과는 달리 뉴턴은 무에서 유를 창조하지 않았다.

16세기와 17세기의 찬란한 과학의 약진은 자연철학계의 역대 '거인'들이 오랜 세월에 걸쳐 쌓아 올린 토대를 딛고 발돋움한 것이었다. 결과적으로 나는 이 위대한 과학적 발견의 시대를 과거와 돌연한 단절이 없었다는 의미로 서구과학의 혁명이 아닌 '성인기'라고 규정하고 싶다.

그럼에도 과학 혁명이 16세기에 폭발적으로 분출했다는 생각은 우리의 지적 문화에 너무도 깊이 뿌리내린 상태이다. 스티븐 샤핀은 자신의 최근 연구를 다음과 같은 매력적인 한 줄로 시작했다. "'과학 혁명' 같은 건 없었다. 이 책은 그 이야기를 하려고 한다."[2]

설령 이 과학 혁명 신화를 잠재우는 게 불가능할지라도 두 번째, 훨씬 더 착잡한 신화를 잠재우는 건 분명 가능할 것이다. 즉, 과학 혁명을 성취한 것은 개신교였으며 가톨릭은 그럴 만한 동기부여와 지적 자유가 부족했다는 것이다. 이 신화는 베버의 '개신교 윤리' 논제와 가까운 사촌지간이며 이 역시 20세기에 태동했다. 앞으로 나는 이 신화가 어떻게 생겨났는지를 기술한 다음 이 신화가 거짓임을 밝히는 여러 확증을 제시할 것이다.

'개신교' 과학

1936년 로버트 머튼[1910-2003]이 하버드대학교에서 사회학 박사 학위를 취득할 당시 그의 담당 교수 중 한 명이 탈콧 파슨스[1902-1979]였다. 파슨스는 당시 독일에서 박사 학위를 받고 막스 베버의 그 유명한 '개신교 윤리' 책을 영역한 학계의 떠오르는 별이었다. 머튼 역시 1941년 컬럼비아대학교 교수가 되고 1947년에 종신 교수직을 받아 학계의 스타가 되었다. 머튼의 초기 명성은 1938년 유명 학술지 〈오시리스〉[Osiris]에 전문 게재한 (총 272쪽의) 논문(〈17세기 영국의 과학과 기술과 사회〉)에 힘입은 바가 크다. 이 논문에서 머튼은 '개신교 윤리'로 동기부여된 청교도 영국인이 과학 혁명을 주도했다고 보았다.

머튼은 많은 지면을 할애하여 17세기 영국에서 과거 어느 때보다 과학을 직업으로 택한 사람이 많았음을 제시한 후, 자신의 핵심 주장을 다음과 같이 요약했다.

우리가 개신교 윤리라고 부르는 것은 곧 지배적 가치관의 직접적 표현이자 새로운 동기부여의 독립적 원천이 되었다. 개신교 윤리는 사람들이 특정 진로로 진출하고 그 활동에 굳게 헌신하도록 끊임없는 압박을 가했다. 개신교 윤리관의 금욕적 가치관은 과학적 탐구를 귀하게 여기고 예찬하며 신성시함으로써 폭넓은 저변을 창출했다.

만일 이제까지 과학자가 진리 탐구 그 자체가 과학의 상급이라고 여겼다면, 이런 활동을 사심 없는 열정으로 추구할 더 심오한 근거가 마련된 것이다. 한때 '무한한 자연의 소소하고 하찮은 디테일'을 파고드는 사람들의 가치를 의심했던 사회도 이젠 그 의혹을 거의 내려놓게 되었다.[3]

그러나 머튼이 과학 발흥의 원인으로 지목한 것은 실은 '개신교' 윤리가 아니었다. 베버가 자본주의 발흥의 원인을 칼빈주의 개신교로 지목했듯이, 머튼 역시 위 문단 직후 논의의 방향을 '청교도 윤리'로 튼다. 그의 말이다. "초월적 행동과 인간적 행동을 잇는 새 가교를 건설하고, 또 그렇게 함으로써 새로운 과학에 추동력을 제공한 것은 정확히 말하자면 청교도주의였다."[4]

머튼은 다양한 영국인 과학자들의 약력을 거론해 실례를 제공함으로써 이 논제를 뒷받침하려 한다. 그는 또한 유럽 대륙에 눈을 돌려 "가톨릭 국가인 프랑스에서조차 과학적 공헌의 큰 비중을 프랑스 개신교도가 담당"했다고 자신 있게 '발견'했다.[5]

애석하게도 머튼은 그가 사례로 뽑은 영국인 과학자들의 실제 종교성조차 제대로 파악하지 않았음이 드러났다. 영국인 과학자들 대다수는 청교도가 아니라 기성 성공회 교인이었다![6] 사실 '청교도'에 대한 머튼의 정의는 너무 광범위하여 본질적으로 어떤 그리스도인도, 심지어 가톨릭 교인도 배제되지 않는다.[7] 저명한 바바라 J. 샤피로의 표현을 빌자면,

거의 '모든 것을 포괄하는' 머튼의 [개신교] 정의는 정확한 역사적 분석을 거의 불가능하게 만든다. 그가 17세기 영국의 유의미한 종교 단체를 구별하지 못하기 때문이다. [샤피로의 각주: 머튼의 결론은 루터교를 제외한 개신교 전체를 청교도로 보는 분류법에 기초했다.] 청교도 항목에 거의 모든 범주의 영국 사상을 포함한 다음 청교도주의와 과학 간에 밀접한 상관관계가 있다고 주장하는 것은 단순히 영국적인 것과 영국 과학 간에 상관관계가 존재한다고 말하는 것과 다르지 않다. 이런 주장은 진실이긴 하지만, 별로 유익하진 않다. 청교도주의가 종교적·사회적인 윤리 차원에서 과학에 미친 영향을 보여주는 게 목적이라면, 먼저는 영국 내종교 문제를 둘러싼 실제 역사적 분열을 반영한 청교도주의를 정의하는 것이 필요할 듯하다.

이 문제에 대한 대응으로 일각에서는 머튼의 논제를 단지 청교도가 아니라 개신교도에게 적용되는 것으로 재해석했다. 그러나 그러면 더 앞뒤가 안 맞는다. 어떻게 특정 개신교 국가 한 곳(영국)의 과학자들만 검토하고선 '개신교 윤리'가 과학 발흥의 모태가 되었다는 주장을 제대로 검토했다고 할 수 있는가? 만일 과학이 영국에서만 발흥했다면 맞겠지만, 그렇다면 과학자 개개인의 종교 분석은 필요하지도 않을 것이다.

더욱이 머튼이 적절한 '청교도' 개념 정의를 사용했다 하더라도 그의 논제가 비체계적으로 사례를 선정했다는 문제는 여전히 남아 있다. 이 결함은 종종 역사적 연구의 가치를 훼손하지만, 꼭 그런 건 아니다. 종종 적절한 사례 묶음을 취합하여 데이터를 취합하는 일이 가능하기 때문이다. 이 경우 난 그렇게 했다.

첫째, 나는 1543년 코페르니쿠스의 《천구의 회전에 관하여》*De revolutionibus*의 출판을 시작점으로, 그때부터 1680년 전까지 태어난 그 시대 과학계의 모든 '스타'들을 총망라하는 명단을 작성했다. 이 명단을 만들 때 개개인의 기타 약력은 다 무시하고 오로지 과학적 성취에만 초점을 맞추었다. 몇몇 전문 백과사전과 위인 사전에 수록된 명부를 선택의 근거로 삼았다. 그중 아이작 아시모프의 《과학기술 백과사전》*Encyclopedia of Science and Technology*, 1982이 특히 유용하고 신뢰할 만했다. 나는 '현역 과학자'로 선택을 제한했으므로 프랜시스 베이컨과 조셉 스칼리게르와 같이 당대에 이름을 떨친 지성인들은 제외했다.

명단을 취합한 다음 개인 약력과 다양한 문헌을 참조하여 각 사례별로 코드화하려는 사항을 정했다(전체 명단은 아래에 국적별로 분류하여 게재한다).[8] 각 사람의 이름 옆에는 개개인의 전공 분야(들), 종교, 대학 졸업 여부, 대학교수 봉직 여부, 출신 계급(귀족, 신사[gentry], 부르주아, 하층민)을 게재했다(이 범주에 관해서는 추후 설명하겠다).

잉글랜드(영국)

아이작 배로 (1630~77)
수학, 개신교 성공회 사제, 학사, 교수, 부르주아

로버트 보일 (1627~91)
화학/물리학, 개신교 성공회, 학사, 교수, 귀족

헨리 브릭스 (1561~1639)
수학, 개신교 청교도, 학사, 교수, 부르주아

존 플램스티드 (1646~1719)
천문학, 개신교 성공회 성직자, 학사, 교수 아님, 부르주아

헨리 겔리브랜드 (1597~1663)
수학, 개신교 청교도 성직자, 학사, 교수, 부르주아

윌리엄 길버트 (1540~1603)
물리학, 개신교 성공회, 학사, 교수, 부르주아

느헤미야 그루 (1641~1712)
생물학, 개신교 성공회(아버지는 청교도 성직자였지만 그는 이신론자로 추정된다), 학사, 교수 아님, 부르주아

에드먼드 할리 (1656~1742)
천문학, 무신론자, 학사, 교수 아님, 부르주아

윌리엄 하비 (1578~1657)
생물학/생리학, 개신교 성공회, 학사, 교수 아님, 신사

로버트 후크 (1635~1703)
물리학/화학, 개신교 성공회, 학사, 교수, 부르주아

아이작 뉴턴 (1642~1727)
물리학/수학, 개신교 성공회, 학사, 교수, 부르주아

윌리엄 오트레드 (1575~1660)
수학, 개신교 성공회 성직자, 학사, 교수, 부르주아

존 레이 (1628~1705)
생물학, 개신교 성공회 성직자, 학사, 교수, 하층민

존 월리스　　수학, 개신교 청교도 성직자, 학사, 교수, 부르주아
(1616~1703)

프랑스

르네 데카르트　　수학, 가톨릭, 학사, 교수 아님, 신사
(1596~1650)

피에르 페르마　　수학, 가톨릭, 학사, 교수 아님, 신사
(1601~65)

피에르 가상디　　수학/물리학, 가톨릭 사제, 학사, 교수, 부르주아
(1592~1655)

에듬 마리오트　　물리학, 가톨릭 사제, 학사, 교수 아님, 신사
(1620~84)

마랭 메르센　　수학/물리학, 가톨릭 사제, 학사, 교수, 하층민
(1588~1648)

드니 파팽　　물리학, 개신교 위그노, 학사, 교수 아님, 부르주아
(1647~1712)

블레즈 파스칼　　수학/물리학, 가톨릭, 학사, 교수 아님, 신사
(1623~62)

장 피카르　　천문학, 가톨릭 사제, 학사, 교수, 부르주아
(1620~82)

프란치스코 비에타　　수학, 가톨릭[9], 학사, 교수 아님, 신사
(1540~1603)

이탈리아

지오바니 보렐리　　생물학/생리학, 가톨릭, 학사, 교수, 하층민
(1608~79)

지오바니 카시니　　천문학, 가톨릭, 학위 없음, 교수 아님, 하층민
(1625~1712)

히에로니무스
파브리시우스
(1537~1619)　생체학, 가톨릭, 학사, 교수, 귀족

가브리엘 팔로피우스　생체학, 가톨릭, 학사, 교수, 신사
(1523~62)

갈릴레오 갈릴레이　천문학/물리학, 가톨릭, 학사, 교수, 신사
(1564~1642)

프란치스코 그리말디　수학/물리학, 가톨릭 사제, 학사, 교수, 신사
(1618~63)

마르첼로 말피기　생물학/천문학, 가톨릭, 학사, 교수, 신사
(1628~94)

프란치스코 레디　생물학, 가톨릭, 학사, 교수, 신사
(1626~97)

지오반니 리치올리　천문학, 가톨릭 사제, 학사, 교수, 모름
(1598~1671)

에반젤리스타
토리첼리
(1606~47)　물리학/수학, 가톨릭, 학사, 교수 아님, 하층민

안드레아 베살리우스　생체학, 가톨릭, 학사, 교수, 신사
(1514~64)

독일
요한 바이어　천문학, 가톨릭, 학사, 교수 아님, 모름
(1572~1625)

오토 본 게리케　물리학, 개신교, 학사, 교수 아님, 귀족
(1602~86)

요하네스 케플러　수학/천문학, 개신교, 학사, 교수, 신사
(1571~1630)

아타나시우스 키르허　생물학/지질학, 가톨릭 사제, 학사, 교수, 부르주아
(1601~80)

| 고트프리드 라이프니츠 (1646~1723) | 수학, 개신교 이신론자, 학사, 교수 아님, 부르주아 |
| 크리스토프 샤이너 (1575~1650) | 물리학/천문학, 가톨릭 사제, 학사, 교수, 모름 |

네덜란드

요한 글라우버 (1604~70)	화학, 가톨릭 태생, 학위 없음, 교수 아님, 하층민
레니에 드 그라프 (1641~73)	생체학, 가톨릭, 학사, 교수 아님, 귀족
크리스티안 호이겐스 (1629~95)	천문학/물리학, 개신교, 학사, 교수 아님, 신사
안토니 반 레벤후크 (1632~1723)	생물학, 개신교, 학위 없음, 교수 아님, 하층민

덴마크

튀코 브라헤 (1546~1601)	천문학, 개신교, 학사, 교수, 귀족
오라우스 뢰메르 (1644~1710)	천문학, 개신교, 학사, 교수, 부르주아
니콜라우스 스테노 (1638~86)	생체학, 가톨릭 사제(개종), 학사, 교수, 신사

플랑드르

| 얀 밥티스타 판 헬몬트 (1577~1644) | 화학, 가톨릭, 학사, 교수 아님, 신사 |

시몬 스테빈 (1548~1620)	수학/물리학, 가톨릭, 학사, 교수 아님, 하층민

폴란드

니콜라우스 **코페르니쿠스** (1473~1543)	천문학, 가톨릭, 학사, 교수 아님, 신사
요하네스 헤벨리우스 (1611~87)	천문학, 개신교, 학사, 교수 아님, 신사

스코틀랜드

존 네이피어 (1550~1617)	수학, 개신교 칼빈파, 학위 없음, 교수 아님, 귀족

14인의 영국 과학계 스타들을 검토한 자료는 머튼의 주장과 압도적으로 상충한다. 그러니까 14인 중 단 세 명만(브릭스, 겔리브랜드, 월리스) 청교도로 분류할 수 있다. 머튼을 비롯한 일각에서는 그루를 청교도로 잘못 분류했는데, 이는 그루의 책《성스런 우주론: 우주가 피조물이며 하나님 나라라는 담론에 관하여》*Cosmologia Sacra or a Discourse on the Universe as it is the Creature and Kingdom of God*의 내용과 상충한다. 이 책에서 그루는 이신론자理神論者(성경의 계시나 기적을 부정하고 기독교 신앙을 이성적이고 합리적 사실에만 한정해 믿는 사람—편집자)답게 기적의 가능성을 부인했다.[10] 그 외 11인의 영국인 스타 중 4인은 영국 성공회 성직자였고 할리는 무신론자였다.

프랑스 쪽 데이터를 검토하더라도 머튼의 성적이 형편없기는 마찬가지다. 그들 중 '큰 비율'도 개신교가 아니었고 위그노파 개신교도는 아홉 명 중 단 한 명이었다. 이 수치가 무색하게 가톨릭 사제는 네 명이나 되었다. 더욱이 한 명의 위그노 신자는 프랑스 인구 중 위그노 비율과 얼추 비슷하다. 1572년 성 바돌로매의 날 전야의 위그노 대학살 당시 전체 인구 중 위그노파의 비율은 약 10퍼센트였다.[11]

청교도주의와 영국 과학에 관한 머튼의 주장을 놓고 벌어진 초기의 강력한 반박에 머튼이 어떻게 대응했는지를 보면, 설령 머튼이 위의 데이터를 본다 해도 자기 생각을 바꾸지 않을 것이 분명하다. 머튼은 1984년 〈미국사회학저널〉AJS에 이례적인 분량으로 지면을 허락받아 자신의 논제를 옹호했다. 그는 반대 증거를 근거로 자신의 논제를 거부하는 것은 (그의 말을 그대로 인용하자면) "가장 최근 들은 말의 오류"를 범하는 격이라고 했다. 여기서 '오류'란 어떤 이론이 "실증적으로 허위라고 보이자마자" 그 이론을 폐기하는 것을 말한다. 머튼이 던진 질문이다. "어떤 사실이 가설이나 이론적 개념을 반박하는 것처럼 보일 때 우린 언제까지 그 가설과 이론을 고수할 수 있을까?"[12] 그 답으로 머튼은 임레 라카토스Imre Lakatos의 말을 인용한다. "더 나은 이론이 등장하기 전에는 반증이란 없다."[13] 따라서 머튼은 어떤 현상에 대해 그릇된 설명을 하는 것이 아예 설명이 없는 것보다 낫다고 말한 것이다. 말도 안 되는 소리다. 기이하게도 머튼은 새로운 이론화가 아닌 더 많은 연구를 촉구하면서 논문을 맺었다.

물론 머튼 앞서 훨씬 나은 이론이 존재했다. 그러니까 과학 혁명은 없었으며 다만 수 세기에 걸친 정상적인 과학적 진보의 정점이었다는 것이다. 과학이 유럽의 기독교 지역에서만 발흥한 이유는 중세 유럽인만 과학이 '가능'하고 '바람직하다'고 믿었기 때문이었다.

중세 유럽인의 이런 신념의 근거는 하나님과 하나님의 창조세계에 대한 이미지에 있었다. 이는 1925년 위대한 영국 철학자이자 수학자인 알프레드 노스 화이트헤드_{1861-1947}가 하버드대학교 로웰 강좌에서 청중으로 참석한 저명한 학자들 앞에서 극적으로 역설한 바다. 화이트헤드는 과학이 유럽에서 발전한 이유는 "중세 신학에서 파생된 … 과학의 가능성에 대한 믿음"이라는 넓은 저변이 있었기 때문이라고 했다.[14] 이 주장은 그 자리에 있었던 청중과 그 내용을 출간물로 접한 서구 지식인 사회 전반을 충격에 빠뜨렸다. 어떻게 세계적으로 인정받는 사상가요 버트런드 러셀과 함께 명저 《수학 원리》_{Principia Mathematica, 1910-13}를 공저한 작가가 종교야말로 과학의 가차 없는 원수라는 것을 모를 수 있는가? 사실 화이트헤드는 전혀 다르게 생각했다!

화이트헤드는 기독교 신학이 과학 발흥에 필수적인 요소였으며 여타 모든 지역에서 비기독교적 신학이 과학적 창발성을 옥죄고 있다고 인식했다. 그의 설명이다.

중세주의가 과학 운동의 형성에 가장 크게 기여한 바는 … 어떤 비밀, 베일을 벗길 수 있는 비밀이 있다는 … 불굴의 신념[이었

다]. … 어떻게 이 확신이 유럽인의 머릿속에 그토록 선명하게 각
인되었을까? … 그 원인은 여호와라는 신의 인격적인 힘과 그리
스 철학의 합리성으로 잉태한 하나님의 합리성에 관한 중세의
끈질긴 추구에 있었다. 모든 세부 사항은 감독받고 명령에 따른
것이다. 즉, 자연 탐구는 합리성에 대한 믿음을 확증하는 결과를
낳을 따름이었다.[15]

물론 화이트헤드는 단순히 여러 위대한 선대 과학자들이 말
한 바를 요약했을 뿐이었다. 르네 데카르트는 이런 논증을 펼쳤다.
"하나님은 완벽하시다, 고로 '가능한 한 불변하는 방식으로 행동'[16]
하신다, 고로 어떤 자연 '법칙'이 틀림없이 존재할 것이다, 고로 우
리의 자연 '법칙' 탐구는 정당하다." 즉, 우주는 합리적 규칙이나
법칙에 따라 작동한다. 위대한 중세 스콜라 학자 니콜 오레스메가
말했듯이 하나님의 창조는 "사람이 시계를 만들 때 스스로 움직
이고 자체적으로 작동을 유지하도록 구성하는 것과 매우 흡사하
다."[17] 한발 더 나아가 하나님이 인간에게 논증하는 능력을 주셨
기 때문에 하나님이 확립하신 규칙을 발견하는 일이 가능하다.
실제로 많은 초기 과학자는 화이트헤드가 고찰한 바와 같이
이런 비밀을 궁구하는 것이 자신의 도덕적 의무라고 생각했다. 이
위대한 영국 철학자는 비非유럽의 신앙과 특히 아시아에서 발견
되는 하나님과 피조물에 관한 이미지가 과학을 지탱하기에는 너
무나 비인격적이거나 비합리적이라고 지적하면서 자신의 발언을

맺었다. 즉, 어떤 특정한 자연 "현상은 비합리적이고 전제적인" 신의 "변덕에 기인한 것"이거나 "어떤 비인격적이고, 불가사의한 사물에 의해 발생한 것일 수도 있다. 여기에는 인격적인 존재의 지적 합리성에 대한 자신감 같은 것이 없다."[18] 지적하고 넘어가야 할 점은 유대교와 기독교가 한 뿌리에서 나왔음을 감안할 때 유대인의 하나님관이 기독교의 하나님관 만큼이나 과학을 지탱하는데 적합하다는 것이다. 그러나 이 시기의 유대인은 유럽 여기저기 뿔뿔이 흩어진 억압받는 소수민족이었고, 과학의 발흥에 어떤 역할도 하지 않았다. 이들이 과학계에서 두각을 나타낸 것은 19세기 유대인 해방 이후다.

유대-기독교 전통과 달리 대부분 다른 종교는 전혀 창조를 전제하지 않는다. 우주는 시작이나 목적이 없으며 한 번도 창조된 적이 없는, 창조주 없는 영원이다. 이 시각으로 보면, 우주는 일관성이 없으며 예측을 불허하고 (어쩌면) 자의적인 지고의 신비다. 이런 관점을 견지하는 자들은 지혜에 도달하는 유일한 길로 명상이나 영감을 든다(논증할 거리가 없다). 그러나 만약 우주가 완전하고 합리적인 창조주가 합리적 규칙에 준하여 창조했다면 우주는 이성과 관찰을 통해 자신의 비밀을 계시할 것이다. 그래서 자연은 읽히도록 만든 '책'이라고 하지 않던가.

물론 중국인은 "그들이 직관으로 아는 미묘하고도 복합적인 우주를 이런 단순 무지한 사고로는 파악할 수 없을 것이라고 코웃음 쳤을 것"[19]이라고 옥스퍼드 대학교의 저명한 중국 기술 사학자 조셉 니드햄1900-95은 설명한다. 그리스인 역시 상당수는 우주를 창조되지 않은 영원한 것으로 간주했다. 아리스토텔레스는 "우주가 어떤 시점에 존재하게 되었다는 것은 … 생각할 수도 없는"20 개념이라고 비난했다. 실제로 그리스의 전통적 신들 중에는 이런 창조의 능력을 갖춘 신이 없었다. 더욱이 그리스인은 우주의 변화에 대해 이야기하면서, 무생물의 사물이 점차 살아 있는 것이 된다고 주장했다. 결과적으로 그리스인은 여러 자연 현상이 무생물적 힘이 아닌 '동기'에서 비롯된다고 보았다. 아리스토텔레스는 천체가 원운동을 하는 건 '애착' 때문이며, 물체가 땅으로 떨어지는 건 "세계의 중심에 대한 본원적 사랑 때문"이라고 말했다.21 이슬람의 경우, 정통 알라관은 과학적 탐구에 적대적이다. 코란에는 알라가 피조물을 작동시킨 후 스스로 움직이도록 놔둔다는 내용이 없다. 오히려 알라는 세상에 빈번하게 개입하고 기분 내키는 대로 상황을 바꾼다. 고로 수 세기에 걸쳐 가장 영향력 있는 모슬렘 학자 다수는, 자연법칙을 규명하려는 노력은 알라가 행동할 자유를 부정하는 인상을 심어주므로 신성모독에 해당한다는 입장을 피력했다. 신과 우주에 대한 이런 이미지는 중국, 고대 그리스, 이슬람에서 과학적 노력을 어렵게 했다.22

유럽인이 창조의 비밀을 궁구한 이유는 합리적 우주의 지적 설계자로서의 하나님을 믿었기 때문이었다. 요하네스 케플러의 말을 빌리자면, "외부 세계를 연구하는 주목적은 하나님이 우주에 부여하고 수학의 언어로 우리에게 계시한 합리적 질서와 조화를 발견하기 위함이다."[23] 이와 유사한 방식으로 화학자 로버트 보일 1627-91은 그의 마지막 유언과 증언에 남긴 편지에, 런던왕립학회 회원들에게 "하나님 작품의 진정한 본질을 발견하려는 여러분들의 존경스러운 수고"[24]에 지속적인 성공을 기원한다는 내용을 남겼다.

화이트헤드가 어떤 부류의 기독교인이 다른 부류의 기독교인보다 과학을 추구할 가능성이 더 크다고 말하지 않았음을 주목하라. 그러니 개신교도가 가톨릭보다 과학자가 될 가능성이 더 크다는 가정은 화이트헤드의 이론과 양립할 수도 있을 것이다. 따라서 우리가 입수한 데이터로 그 가능성을 모색해보자.

	유럽 전체	대륙만(영국 제외)
개신교	24	8
가톨릭	28	28
합	52	36

〈표 5.1〉 과학자의 종교

'과학 혁명'이 개신교의 작품이었다는 주장은 〈표 5.1〉의 데이터로 분명하게 반증反證이 가능하다. 52명의 스타 중 단 24명만이 개신교도였고 잉글랜드인과 한 명의 스코틀랜드인을 제외하면 가톨릭 신자의 수가 개신교도를 28:8로 상회한다. 이 비율은 이 시대 대륙의 개신교와 가톨릭의 분포도에 가깝다. 실제로,

가톨릭이나 성공회, 청교도의 도그마 중 과학 일반에 대해 상대적으로 더 호의적이거나 덜 호의적인 태도를 취하게 할 만한 요소는 없었다. … [각각의 경우 다수파의 견해는] 과학을 신학의 충성스러운 시녀로 환영해야 한다는 것이었다.[25]

대학 탈출

대학을 "과학적 진보를 거스르는" 존재로 비난한 로저 베이컨 탓인지, 과학의 발흥을 연구하는 근대 사학자들은 대학이 마땅히 비난받아야 한다고 생각하는 듯하다. 이는 종교를 비난할 또 하나의 근거를 제공했다.[26]

리처드 웨스트폴1924-96의 말이다.

유럽의 대학은 과학 활동의 모태가 아니었다. 오히려 과학은 대학과 독립된 나름의 활동 거점을 확보해야만 했다. 대학은 근대 과학이 구축한 새로운 자연관에 대한 반대의 총본산이었다.[27]

굉장히 놀라운 주장이다. 대학이 어떻게 과학을 거슬렀는지, 지금껏 탁월한 과학적 진보의 한 축을 지탱해 온 대학이 어떻게 고정관념의 아성으로 전락했는지 대략적인 설명이라도 해줘야 하지 않을까. 하지만 이런 설명은 제공되지 않았다. 그런 일이 일어난 적이 없기 때문이다! 대학은 이전 세기에 늘 그랬듯이 이 찬란한 시대에도 과학의 제도적 토대였다.

일례로 훗날에는 간단하게 런던왕립학회로 알려진 명망 높은 '자연지식 발전을 위한 왕립학회'를 보자. 이 학회는 1640년대에 일군의 과학자들이 옥스퍼드 대학교에서 정기 모임을 가지며 시작했다.[28] 훗날 런던으로의 이전은 런던에 위치한 그레샴 대학의 인지도 상승과 시기적으로 일치했다(몇몇 영국 과학자들은 그레샴과 옥스퍼드와 케임브리지에서 연합 모임을 가졌다).

이에 더하여 52명의 스타 중 48명(92퍼센트)이 "일반적인 2~3년의 대학교육과정이 아니라 [종종] 10년 이상의 장기 대학교육과정을 마쳤다."[29] 현대적 언어로 바꾸어 말하자면 이 스타들은 '대학원'을 다녔다. 가령 코페르니쿠스는 크라쿠프 대학교에서 4년을 공부한 후 이탈리아로 가서 볼로냐와 파도바 대학교에서 6년 넘게 더 공부했다. 만일 코페르니쿠스가 이탈리아에서 유학하지 않았더라면 그가 천문학에 어떤 기여를 한다는 건 생각조차 할 수 없었을 것이다. 더욱이 52명 중에 28명이 일시적이라도 교수로 봉직한 경력이 있었다.

이것이 당연한 이유는 이 시대의 대학이 과학에 반대하지 않고 오히려 특별히 헌신한 곳이기 때문이다. 출중한 과학 사학자 에드워드 그랜트의 말이다. "중세 대학은 근대 대학보다 훨씬 더 과학을 중점적으로 강조했다."[30]

왜 영국인가?

영국이 과학 시대를 위한 최고의 환경이었다고 주장하는 이들이 많다. 머튼은 자신의 청교도론을 밀어붙이는 과정에서 오로지 영국에만 초점을 맞추었고, 런던 과학계에서 두각을 나타낸 비♯학자들의 존재는 대학의 역할을 폄하하는 시각을 부추겼다. 비록 위의 해석 둘 다 거짓이지만 영국이 과학자 배출 면에서 이례적으로 생산성이 높은 건 맞다(52인의 스타 묶음 중 14인이 영국인이었고, 이는 인구 비중에 따른 기대치의 몇 배 수준이다). 왜 그런가?

나는 영국이 과학의 선두주자였던 이유는 영국이 산업혁명의 선두주자였던 이유와 동일하다고 설명한다.[31] 영국의 우월한 정치적, 경제적 자유 덕분에 비교적 개방적인 계급 체계가 형성되었고, 이는 '부르주아'라고 알려진 야심차고 창조적인 중상층 upper-middle class의 출현을 가능하게 했다.

맨 처음부터 지식 추구는 사회적 지위가 귀족에 못 미치는 자들의 업이었다. 아리스토텔레스는 장래의 왕들을 가르치는 가정교사였지만, 자신은 의사의 아들이었다. 그리고 중세 대학의 학생들은 "사회적으로 최상류층과 최하층 사이, 중간 위치에 속한 이들로서 기사, 자작농, 상인, 무역상, 알뜰한 장인의 아들들이었다."[32] 물론 서유럽 전역에 이런 아들들을 교육하는 대학이 여럿 있었지만 17세기부터 "19세기까지 다른 어느 시기보다 영국 대학에"[33] 많은 학생이 입학했다. 사실 1540년대부터 영국의 전 사

회 계층에 놀랄 만큼 폭발적인 교육 열풍이 일었다. 그 결과 글 읽
는 사람의 비중이 급등했고, 책 판매도 급격히 늘었다.[34] 물론 이
현상은 엘리자베스 궁정에도 그대로 반영되는데, 존 호킨스와 프
랜시스 드레이크 같은 '평민'이 여왕을 보좌하는 요직에 오르기도
했다.

　아울러 이 시기 영국에서는 이와 똑같이 깜짝 놀랄 만한 일이
벌어졌다. 하층 귀족들이 부르주아 계급에 실제로 하향 합류한 것
이다. 유럽(그리고 다른 지역)의 다른 나라들과 달리 영국은 오직 장
남만이 귀족 신분을 세습했다. 장남은 아버지의 뒤를 이어 공작 작
위를 계승했지만, 나머지 형제들은 '경卿'으로만 불리고 어떤 작위
도 받지 못했다. 로렌스 스톤1919~99이 보고했듯이 "[이 작위 없는 상
속자들이] 대학과 법학원Inns of Court으로 밀려들어 오고 있었다."[35]

계급	영국	유럽 대륙*
귀족Nobility	7(퍼센트)	13(퍼센트)
신사Gentry	7	45
부르주아	79	16
하층	7	18
알려지지 않음	0	8
총 비율	100	100
과학자 총수	14(명)	38(명)

〈표 5.2〉 **과학자의 출신 계급**
* 스콧 존 네이피어가 포함되었다.

이런 변화의 여파로 영국은 전체 인구 중 과학자 배출에 최적화된 사회 부문 비중이 대륙에 비해 훨씬 컸다. 어쩌면 그 이유로, 〈표 5.2〉에서 드러나듯, 이 시대 영국 과학계의 스타들이 대륙의 과학자들에 비해 부르주아 출신일 확률이 훨씬 높았을 것이다.

이 코드는 과학자의 가족을 기준으로 했다. '귀족'은 아버지에게 작위가 있다는 뜻이다. '신사' 계급은 사회적 지위는 높지만, 작위는 없는 이들로서 정부 관료와 대지주 및 (데오드레 맥클로스키의 표현을 빌자면) "귀족 바로 아래 품격 있는 모든 사람"[36]이다. '부르주아' 아버지들은 사업가, 전문직 종사자, 성직자, 교수 등이다. '하층'은 농민이나 노동자 출신을 말하며, 이 스타들 중에 하층민은 단 여덟 명밖에 없다.

영국 과학계의 별들은 압도적으로 부르주아 출신이 많은 데 비해 유럽 별들의 절반 이상은 신사 계급이거나 귀족인 '유한계급' 출신이다(부르주아 출신은 16퍼센트밖에 안 된다).

부르주아의 약진과 관련해서는, 과학적 창발성과 관련한 동기 부여와 지속성은(특히 영국에서) 기술의 실용적 발전에 대한 관심에 기인한다는 주장과 일맥상통한다.[37] 그런데 이 시각의 문제점은 당시에는 아무리 의미 있는 과학적 성취라도 기술화되는 일이 전무하거나 드물었다는 사실이다. 과학적 상용화의 부족은 물리학과 천문학적 진보에만 해당하는 게 아니라 생리학과 같이 적용률이 높은 과학 분야도 마찬가지였다. 일례로 가브리엘 팔로피오가 자기 이름을 따라 난소에서 나오는 관을 명명했지만, 수 세기가 지나서야 이 관의 의학적 중요성이 밝혀졌다.

한편 이 찬란한 과학적 성취의 시대는 많은 새로운 발명과 엄청난 기술적 진보를 특징으로 한다. 그러나 발명가들과 과학자들은 동떨어진 세계에 사는 것처럼 보이는 면이 많다. 일례가 과학계의 스타 드니 파팽인데, 그는 토머스 세이버리가 설계한 영국 광산에서 배수관으로 널리 이용되었던 펌프보다 자신이 더 나은 펌프를 발명했다고 주장했다. 파팽은 자신의 주장을 증명하기 위해 "왕립학회에 비교 실험을 실시할 것을 요청했으나 허사로 돌아갔고"[38] 왕립학회 회원들은 이 문제에 관심을 보이지 않았다. 파팽은 자신의 펌프를 가지고 광산 소유주들을 찾아가 직접 시연할 생각은 못한 듯하다.

과학적 혁신과 기술 간에 직접적인 연계점이 존재했다기보다는, 둘 다 부르주아(급속도로 성장하며 점점 더 교육수준이 높아지고 성취 지향적이 되었다)가 공격적으로 추구한 진보의 산물이자 반영일 가능성이 크다. 그리고, 그 당시 영국이 세계에서 압도적으로 부르주아의 비중이 높은 나라였기에 과학 발흥에서 중대한 역할을 감당했던 것이다.

여하튼 종교개혁이 어떤 식으로든 과학의 발흥을 촉발했다는 발상은 또 다른 신화다.

6

종교개혁과
서구 개인주의

흔히들 마르틴 루터를 '개인주의의 아버지'라고 한다. 교회사가 마틴 마티에 의하면 루터는 "개인의 가치 신장에 있어서 단일 주자로선 가장 큰 역할을 했다."[1] 또는 데렉 윌슨을 인용하자면, 루터는 "스스로 의식하지 못한 채 인류의 개인주의에 산소를 공급하는 일을 했다."[2] 물론 그는 종국에는 종교적 선택에 관한 개인의 자유에 동정심을 보이지 않았다. 하지만 "모든 신자가 제사장 직분을 가진다는 루터의 고집스러운 확신과 사람들이 스스로 성경을 읽도록 촉구하며 성경과 자신의 양심 이외의 권위를 거부한 것은 모두 개인의 가치와 능력을 강조하는 데 일조했다."[3]

막스 베버도 이 견해를 신봉했음이 분명하다. 베버는 '개신교 윤리'가 "자기 자신의 고유한 능력과 주도력을 기반으로 합리적인 획득을 독려하는 개인적 동기"[4]를 강조함으로써 개인의 경제적 고립을 초래한다고 보았다. 베버는 또한 개인주의에 대한 이런 강조가 "재화 획득의 발목을 잡는 전통 윤리로부터 심리적으로 해방되는 효과"[5]를 가져왔다고 보았다. 그는 많은 서구 지식인처럼 이것이 꼭 바람직한 변화는 아닐 수도 있다는 데 동조한 듯하다.

개인주의의 발흥이 개신교 종교개혁에서 비롯되었다고 보며, 이에 깊은 유감을 표한 초기 인물 가운데 알렉시스 드 토크빌1805~59이 있다. 토크빌은 1831년 9개월간 미국을 여행하며 얻은 통찰을 바탕으로 2부작《미국의 민주주의》한길사 역간를 집필하여 큰 명성을 얻었다. 토크빌은 이 젊은 공화국에 대해 칭찬을 아끼지 않으면서도 과도한 개인주의의 문제를 우려했다. 그는 개인주의가 이기심을 부추겨 사람들이 공익을 위해 일하지 않고 각자 "자신의 마음의 고독 속에 틀어박혀" 있게 될 것을 우려했다. 토크빌은 이를 막기 위해 미국인에게 개인주의를 멀리하고 "마음의 습관"을 좇을 것을 촉구했다.

1세기 후 저명한 프랑스 철학자 자크 마리탱1882~1972은 "종교개혁이 인간 자아의 고삐를 풀어놓았다"[6]면서 심각한 우려를 표명했다. 그는 루터를 인용했다. "나는 나의 교리가 누구의 판단을 받는 것을, 심지어 천사들의 판단을 받는 것조차 용납하지 않는다. 나의 교리를 받아들이지 않는 자는 구원받을 수 없다." 결론적으로 마리탱은 "루터의 교리는 그의 자아의 보편화이자, 영원한 진리의 세계에 자기 자아를 투사한 것에 불과하다. ⋯ 루터주의는 루터가 고안한 체계가 아니라 루터의 개성이 흘러넘친 것이다." 이어서 마리탱은, "루터의 사례는 현대인이 극복하려고 허공을 치

는 여러 문제의 집약이다"라면서, 이는 "바로 개인주의와 인성의
문제다"라고 했다.

그렇다면 무엇이 문제란 걸까?

> 사회 질서상 근대 도시에서 '사람'은 '개인'에게 희생된다. … 그
> 리고 사람을 고립되고 벌거벗은 상태로 사회 제도적 지원이나 보
> 호 장치 없이, 영혼을 삼키려고 위협하는 온갖 세력과 가차없이
> 상충하는 이해관계, 욕구의 작용과 반작용에 노출시킨다. … 한
> 사람의 개성을 계발한다는 것은 자아를 만물의 중심에 놓고 열정
> 에 이끌린 자기중심적 삶을 살다가, 결국 찰나의 왜곡된 기쁨을
> 선사하는 스쳐 가는 일천 가지의 노예로 전락하는 것이다.

마지막으로 마리탱은 다시 루터로 돌아간다. "루터의 개인사史
는 … 이 교리의 기막힌 예시다. 루터는 인간의 개성을 해방한 것
이 아니라 미혹했다. 그가 행한 바는 물적인 개별성을 … 동물 인
간을 풀어놓은 것이다."[7]

마리탱의 개인주의에 대한 부정적 시각은 이례적인 게 아니었
다. 불어에서 '엥디비주얼리즈메'*individualisme, 개인주의*란 단어는 상당히
부정적인 뉘앙스를 담고 있다. 실제로 현대의《아카데미 불어 사
전》*Dictionary of the Académie Française*은 이를 '일반의 이해를 개인의 이해에
종속하게 하다'[8]로 정의한다.

그 부정성은 불어에만 국한된 게 아니라 정치적 좌파 가운데

에도 만연하다. 1985년 로버트 벨라₁₉₂₇₋₂₀₁₃ 외 네 명의 저자가 공
저한《미국인의 사고와 관습》_{나남출판 역간}은 제목의 문구를 토크빌로
부터 빌어왔다. 이 저자들은 개인주의에 대해 토크빌보다 훨씬 강
한, 어쩌면 마리탱보다도 강한 반감을 품고 있었다.

> 우리 책의 중심 화두는 토크빌이 묘사한 미국의 개인주의다. …
> 우리는 개인주의의 암_癌적 성장을 우려한다. 개인주의는 토크빌
> 이 개인주의의 잠재적 파괴성을 순화하는 기능을 한다고 본 사
> 회적 보호막을 파괴하고 있으며, 자유의 존립 자체를 위협하고
> 있다.

추정컨대 바로 그래서 이 책의 저자가 다섯 명인 듯하다. 여하
튼 저자들은 '200명이 넘는 사람들'⁹과의 심층 면접을 토대로 이
책을 썼다고 했다. 그중 한 명이 저자들이 말하는 자기중심적 미
국인의 대표 사례로 등장한 간호사, 세일라 라슨이었다. 책이 장
기 베스트셀러가 되자 온 나라의 자유주의적 지식인들이 '세일라
주의'에 관한 농담을 하며 이를 공화당과 연결지었다. 세일라는
잠시 유명인물이 되었으나 저자들이 후에 공개한 바에 의하면 세
일라는 실존 인물이 아니었다. 이 책의 등장인물은 죄다 '합성 인
물'이었다. 이 책에는 개인이 없었다.
　여하튼 벨라와 공저자들은 개인주의의 '악'에 관한 그들의 우
려에 공감하는 여러 유명한 학자를 지목할 수 있을 것이다. 개인

주의는 이기심을 조장할 뿐 아니라 신경증과 절망을 유발해 자살로까지 몰고 간다는 지탄을 받았다. 베버의《프로테스탄트의 윤리와 자본주의 정신》만큼이나 유명한 초기 사회학 서적이 에밀 뒤르켐의《자살론》청아출판사 역간이다. 뒤르켐은 이 책에서 개신교의 개인주의가 자살의 주원인이라고 주장한다. 뒤르켐의 책을 소개하려면 왜, 어떻게 프랑스인들이 사회학이란 분야를 '발명'하게 되었는지를 먼저 살펴보아야 할 것이다.

도덕적 통계의 발견

1825년 프랑스 법무부는 프랑스의 지리적 행정구역에 해당하는 86개 지방의 형법 통계를 각 지방의 검찰실을 통해 취합하기 시작했다.《프랑스 형사법 집행 총람》*Compte general de l'administration de la justice criminelle en France*으로 알려진 이 보고서는 체포, 기소 같은 형사법적 활동에 관련된 상세한 통계를 담고 있다. 분기별로 제출된 데이터를 근거로 매해 발간한《총람》에는 엄청나게 상세하면서도 나이, 성별, 계절 같은 세부 범주로 분류된 통계자료가 수록되어 있었다.

프랑스인들은 얼마 후《총람》의 범위를 확대하여 자살, 혼외출생, 탈영, 자선 기부, 문자해독률, 심지어 왕실 복권으로 거둔 국민 1인당 수입까지 다양한 데이터를 추가했다. 이 데이터는 얼마 가지 않아 '도덕적 통계'로 알려지게 되었는데, 보고된 행위에는 대부분 도덕적 함의가 있었기 때문이었다.

최초의《총람》은 1827년에 발간되어 귀족, 국회의원, 통계업무 관련 기구들에 배포되었다.[10] 초기에는 이 자료를 그저 호기심을 채워주는 흥밋거리로 여겼다. 그러나 얼마 못 가 한 젊은 검사가 이 자료의 엄청난 의미를 간파했고, 그는 직업 여생을 바쳐 실증적 사회 연구 방법을 고안했다.

《총람》을 처음 받았을 때 안드레-미셸 게리$_{1802-66}$는 파리 법무부 소속의 지방 검사였다. 게리는 최초의《총람》연구와 수년간에 걸쳐 발간된 후속《총람》들과의 비교 분석을 통해 발견한 두 가지 심오한 패턴을 1833년 프랑스 왕립과학아카데미에서 출간된 그의 역작《프랑스의 도덕적 통계에 관한 에세이》*Essai sur la statistique morale de la France*에서 밝혔다. 이 에세이는 세간에서 큰 놀라움과 화제가 되었다.

첫 번째 패턴은 매년 수치가 '극도로 안정적'이라는 것이다. 어떤 프랑스 도시나 지방에서도 매년 거의 정확히 '동수同數'의 사람이 자살하고 절도하고 배우자를 살해하고 혼외자를 낳았다. 그리고 이런 행위를 한 '부류' 역시 믿기지 않을 만큼 안정적이었다. 1826년부터 1830년까지 5년간 절도로 입건된 사람 중 프랑스 여성이 차지하는 비중은 21~22퍼센트였고, 연령대 16~25세의 비중은 35~37퍼센트 사이였다.

둘째, 이런 행위의 발생률은 지역마다 '큰 편차'가 있었다. 가령 인구 10만 명 당 자살자 수는 가장 높은 (파리가 포함된) 세인

지방이 34.7명이었고, 가장 낮은 아베롱과 호트-피레네는 1명 미만이었다(게리는 이를 1827년부터 1830년까지의 평균치로 계산했다). 재물 관련 범죄는 세인이 10만 명당 73.1명으로 4.9명을 기록한 크뢰즈와 대비를 이루었다. 폭력 범죄 역시 지방에 따라 엄청난 편차가 있었다. 코르시카는 45.5명이었고 크뢰즈와 아르덴은 최저치인 2.7명이었다.

게리는 이러한 패턴들 앞에서 인간 행동의 1차 동인을 재평가할 수밖에 없었다. 세상에 자살이나 타살보다 더 사적이고 개인적이며 독특한 개성을 동인으로 하는 개인주의적 행동이 또 있을까? 그런데 만약 자살과 타살이 근본적으로 개인적인 행위라면 왜 그 수치가 매년 크게 오르락내리락하지 않았을까? 만일 개인적 동기만 작용했다면 어째서 파리나 마르세유는 매년 비슷한 수의 사람이 자기 목숨을 끊거나 배우자를 죽였을까?

《총람》데이터로 드러난 가히 믿기 어려울 정도의 안정성과 지역 간 편차를 보면, 개인이 아닌 무언가 매우 강력한 다른 힘이 작용했다고 결론지을 수밖에 없다. 게리의 설명이다.

이제 우리가 범행을 유발하는 무한수의 정황을 고려한다면 … 최종 분석에서 그 정황들의 상호작용이 이토록 일정한 결과를 초래했으며, 자유의지적 행위가 이토록 좁은 제한범위 내에서 변동하는 고정적 패턴으로 표출되었다는 사실이 쉽게 이해가 되지 않는다. 도덕적 질서의 실상은 물리적 질서의 실상과 마찬가

지로 불변의 법칙에 복종하며 여러 면에서 [이 통계들은] 그 실상
이 거의 확실성에 가깝다는 사실을 인정할 수밖에 없다.[11]

그다음 게리는 인구밀도나 문해_{文解}율 같은 사회적 요인이 범죄
나 자살률 변동에 영향을 미쳤는가를 조사했고(영향을 미친 것으로
드러났다) 그 과정에서 사회학을 발명했다. 그러나 1844년 사회학
이란 용어를 만들어낸 것은 다른 프랑스인 오귀스트 콩트₁₇₉₈₋₁₈₅₇
였다.

곧 도덕 통계에 대한 세간의 관심이 늘었고, 얼마 못 가 대부분
서유럽 국가가 매년 이 통계를 수집하고 발표하기 시작했다. 그리
고 국가별 통계는 지역 간의 엄청난 편차를 더욱 강력하게 입증
하는 증거가 되었다. 일례로 1870년 인구 10만 명당 자살자의 비
율은 스웨덴은 8.5였지만 이탈리아는 4.0 미만이었다. 왜 그럴까?
여기서 에밀 뒤르켐₁₈₅₈₋₁₉₁₇이 등장한다.

개신교 개인주의의 저주

뒤르켐이 자살률 편차를 고민하기 시작했을 때 그에게는 지적
인 공백이 없었다. 20년 전 이탈리아 의사이며 토리노 대학교 교
수인 헨리 모르셸리₁₈₅₂₋₁₉₂₉가 자살 통계를 기초로 책 한 권을 출
간했다. 모르셸리는 독일의 7개 주(메클렌부르크, 작센, 하노버, 바이

에른, 뷔르템베르크, 나사우, 바덴)의 자살률을 검토했고, 그 과정에서 가톨릭 주들보다 개신교 주들의 묶음이 더 자살률이 높다는 사실을 발견했다.

아직 통계라는 학문이 정립되기 전이라 모르셀리는 무작위적 변동random variation의 위험성과 너무 적은 사례를 근거로 결론을 도출해서는 안 된다는 부분에 민감하지 못했다. 그가 다룬 사례에서 작센의 자살률은 여타 6개 주보다 월등히 높았고, 이는 전반적인 개신교 집단의 수치를 크게 왜곡했다. 여하튼 모르셀리는 개신교 신자가 가톨릭 신자보다 자살할 확률이 더 높다고 결론 내렸고, 이에 대해 이런 설명을 제시했다.

> 개신교는 예배의 외양적 요소에서 물질성을 부인하고 도그마와 신조를 자유롭게 탐문할 것을 독려한다. … 이로써 성찰적 사고력을 계발하면서, 또한 양심의 내적 갈등을 과장하는 경향이 있다. 자연상태로는 연약한 사고 기관을 훈련하면 사람이 죽음에 더 민감해지고 죽음에 관한 생각에 골몰하게 되어 늘 해로운 결과를 초래한다.[12]

뒤르켐은 '자살'이라는 제목을 단 자신의 책을 집필할 때 인용은 거의 하지 않고 모르셀리의 통계에 크게 의존했고, 자기 이론의 기초가 된 모르셀리의 핵심 통찰을 아예 인용 언급조차 없이 가져다 썼다.

뒤르켐이 출발선으로 삼은 것은 "도처에서 예외 없이, 개신교
도는 여타의 신앙고백을 하는 신자들보다 훨씬 높은 자살률을 보
인다"[13]는 주장이었다. 그다음 그는 왜 그러한가에 대한 자신의
'이론'을 정립했다. 비록 뒤르켐이 여러 요인을 들었지만, 바클레
이 존슨의 뛰어난 분석에 의하면, 실은 하나의 요인이었다. 즉, 뒤
르켐은 개신교의 자살 경향성을 설명하면서 그 원인이 자신이 밝
힌 '에고이즘'의 결과라고 했다.[14]

뒤르켐의 정의에 의하면 에고이즘은 일종의 개인주의로서, 자
신의 이해를 우선시하고 자기 위주로 생각하는 것이다. 개인주의
자로 구성된 집단은 각 구성원이 끝까지 충성하지는 않을 것이며
이로 인해 구성원 간의 인적 유대에 근거한 결속력은 그리 강하지
않을 것이다. 결속력이 강한 집단은 삶에 최악의 환난이 닥칠 때
구성원을 보호하는 경향이 있다. 그래서 가톨릭의 자살률이 낮고
개신교가 높다는 것이다.

뒤르켐은 이를 이런 식으로 표현했다.

가톨릭과 개신교 간의 유일한 본질적 차이는 개신교가 가톨릭보
다 훨씬 높은 수준으로 탐문의 자유를 허용한다는 것이다. … 가
톨릭 신도는 다 만들어져 주어진 신앙을 꼼꼼히 뜯어보지 않고
수용한다. … 개신교 신자는 각자가 자기 신앙의 주인author일 가
능성이 훨씬 크다. 종교개혁의 창시자들이 선포한 이 탐문의 자
유로 신자의 손에 성경을 쥐어준 다음 어떤 해석도 강요하지 않

는다. … 그리하여 우리는 첫 번째 결론에 도달한다. 개신교의 자살 편향성은 이 종교의 활력소인 자유로운 탐문 정신과 연관이 있음에 틀림없다. … [왜냐하면] 한 신앙고백 집단이 개인의 판단에 더 많은 여지를 제공할수록 개인 생활에 대한 집단의 지배력이 줄어들고 응집력과 생명력이 약화하기 때문이다.[15]

몇 세대에 걸쳐 사회학자들은 이를 기정사실로 받아들였다. 어느 정도냐면 1967년 로버트 머튼이 개신교 신자가 가톨릭 신자보다 자살할 확률이 더 높다는 진술이 사회학 최초의, (그리고 아직까지는) 유일한, 과학적 '법칙'이라고 추켜세웠을 정도였다.[16] 그러나 '개신교 윤리' 논제와 개신교도가 과학 혁명을 일궈냈다는 주장처럼 이 역시 사실이 아니다!

대인적 유대가 약한 집단의 자살률이 더 높다는 뒤르켐의 지적은 옳았다. 하지만 개신교 집단은 가톨릭 집단보다 유대가 약하지 않다. 더욱이 최근 데이터뿐 아니라 1870년까지 소급되는 유럽 여러 나라의 데이터를 토대로 한 일련의 연구(일부 데이터는 뒤르켐이 사용한 것과 같은 데이터였다)는 자살에서 어떤 '개신교 효과'도 입증하지 못했다.[17] 아주 간단하게 말하면, 개신교는 가톨릭보다 자살률이 높지 않다!

뒤르켐은 1870년 덴마크의 정상치를 벗어난 자살률(인구 10만 명당 25명)이 개신교 국가의 평균치를 크게 왜곡시켰음을 인식하지 못했고, 이는 고의성 없는 실수였을 가능성이 있다(덴마크를 뺀 개신교 국가의 평균 7.5는 가톨릭 국가의 7.9보다 낮다). 그러나 뒤르켐이 가톨릭인 프랑스의 자살률(15.0)이 개신교인 영국의 자살률(6.6)의 무려 2배가 넘는다는 민망한 사실을 해명하려고 의도적 곡해를 한 점은 짚고 넘어가야겠다(1870년 파리의 자살률은 35.7로서 런던 8.6의 무려 4배가 넘는다).

이 문제를 축소하기 위해 뒤르켐은 먼저 영국이 교육수준이 낮은 문맹국이라는 주장을 전개했다. "영국은 우리가 알다시피 자살률이 가장 낮은 유일한 개신교 국가다. 영국은 또한 교육에 관한 한 가톨릭 나라들과 닮은꼴이다. 1865년까지만 해도 해군 중 글을 못 읽는 사람의 비율이 23퍼센트였으며 글을 쓰지 못하는 사람은 27퍼센트였다."[18]

뒤르켐은 문해률이 자살과 긍정적 상관관계가 있음을 알았다. 그는 영국 문해율을 들어 영국이 프랑스보다 자살이 훨씬 적은 이유는 문해율이 훨씬 낮기 때문임을 보여주려 했을 것이다. 그러나 뒤르켐은 해병이 아닌 신혼부부의 공개된 문해률 통계가 있음을 충분히 알 만한 사람이었다. 따라서 그는 이것이 사실이 아님을 알았을 것이다!

그다음 뒤르켐은 영국이 그다지 개신교적인 나라가 아니었다는 주장을 펼쳤다. "성공회는 다른 개신교 교회들보다 훨씬 강력하게 통합되어 있었다." 비록 "영국이 통상 개인의 자유를 신봉하는 대표적인 나라로 알려져 있지만, 성공회 성직자들은 위계질서로 조직화된 유일한 개신교 성직자들이다. 이 외적 조직은 선명한 종교적 개인주의와 양립 불가한 내적 통일성을 보인다."[19]

뒤르켐이 이렇게 무식할 리가! 나는 어떻게 역대 사회학자들이 이런 터무니없는 내용을 받아 삼켰는지 결코 이해할 수 없다. 스칸디나비아의 모든 루터파 국교회는 예나 지금이나 위계적이다. 더욱이 뒤르켐이 이 글을 쓸 당시 성공회는 영국의 교회 출석 인구 중 다수파도 아니었다.[20] 영국에는 국교인 성공회에 불복하는 허다한 개신교 교단이 존재했으며, 종교 다원주의와 관련한 파란만장한 내란과 분쟁은 쉬쉬하는 국가 기밀이 아니었다. 애석하게도 역대 사회학자들만 이 사실을 몰랐던 것 같다.

어느 모로 봐도 뒤르켐의 '법칙'이 성립하려면 영국이 유럽 국가 중 최저점이 아니라 최정점의 자살률을 보여줘야 했다. 그러나 뒤르켐은 이런 글까지 썼다.

영국의 사례는 우리의 이론을 약하게 하기보다는 오히려 확증한다. 만약 대륙의 개신교가 [영국과] 다른 결과를 초래했다면, 그건 영국의 종교 사회가 훨씬 더 강력하게 조직되어 있다는 면에서 가톨릭교회의 닮은꼴이기 때문이다.[21]

하지만 뒤르켐이 이 글을 쓸 당시에도 그를 에워싼 숱한 학자들은 영국이 지상의 어느 나라보다 개인주의가 일찍부터 활짝 꽃피운 나라임을 확신했다.

영국의 개인주의

19세기 학자들의 초미의 관심사는 유럽 산업 자본주의의 발흥을 이해하는 것이었다. 칼 마르크스, 막스 베버, 그리고 토마스 바빙턴 매콜리와 같은 일군의 역사학자들은 영국을 주목했다. 영국이 가장 초기에, 문서화가 잘 진행된 봉건제에서 자본주의 생산양식으로 전환된 사례였기 때문이었다. 마르크스가 설명했듯이 "영국이 내 사상을 전개하는 데 주된 예시로 사용된 것은 바로 이런 이유다."[22] 더욱이 영국은 가장 양질의, 가장 오래된 통계자료를 갖추고 있었다. 위의 학자들은 모두들 이 혁명적 변화를 유발한 결정적 요인이 소농사회 탈피 과정에서 드러난 개인주의의 발흥이라고 믿었다.

소농사회peasant society란 무엇인가? 여러 방식으로 정의할 수 있지만, 그 중 한 가지는 대부분 사람이 농어촌 지역에 거주하며 농업으로 생계를 영위하는 사회이다. 그러나 마르크스, 베버와 여타 학자들이 생각한 소농사회는 그런 게 아니었다. 그들에게 소농사회란 가족 구조였다. 앨런 맥팔레인이 설명했듯이 소농사회는,

사회의 기본 단위가 개인이 아니라 가족이며, 여기서 가족은 소유, 생산, 소비 단위로 기능한다. 또한 부모와 자녀는 공동소유자 겸 공동근로자다. 이는 베버가 자본주의 성장의 전제조건으로 간주했던 가계와 경제의 분리가 아직 일어나지 않은 상태다. 우

리의 목적에 한해 보자면, 소농사회의 핵심 특징은 소유가 개인
화되지 않았다는 것이다. 생산 자원의 배타적 소유의 주체는 개
인이 아니라 가족이었다.[23]

따라서 산업 자본주의의 발흥을 설명하려는 이들은 집단적 소
농 가족 구조가 왜, 어떻게 근대의 개인 구조로 탈바꿈했는지를
설명해야만 했다. 이 목적을 달성하고자 베버는 개신교로 눈을 돌
렸다. 그의 관점에서 청교도주의는,

> 자신의 능력과 주도성으로 합리적·합법적 부의 획득을 추구하는
> 개인주의적 동기[를 강조하는] … 근대 경제인의 모태였다. … [모
> 든 개신교] 공동체는 친족 집단의 의례적 연합이 아니라 개인 신
> 도들의 신앙고백을 기본으로 하는 연합체였다. … 윤리적 종교
> 들, 특히 개신교의 윤리적, 금욕적 분파들이 이룬 최고의 성취는
> 친족 집단의 족쇄를 박살 낸 것이었다. 이 종교들은 가족이라는
> 혈연 공동체에 대항할 정도의 우월한 공동체를, 신앙과 윤리적
> 삶의 방식을 공유하는 공동체를 확립했다.[24]

라인하르트 벤딕스[1916~91]는 베버의 시각을 이렇게 요약했다.
"청교도 목회자들은 가족과 이웃 공동체의 삶에 심대한 탈인격화
를 초래했고"이는 "친족간의 충성도가 약화되고 사업과 가정사의
분리"로 인한 "개인의 고립"을 야기했다.[25]

이것이 보편타당한 견해가 되어 20세기 내내 메아리쳤다. 데이비드 리스먼₁₉₀₉₋₂₀₀₂은 그의 명저 《고독한 군중》_{1950, 동서문화사 역간}에서 이 견해를 그대로 받아들였다. 즉, 종교개혁이 16세기에 발흥한 근대 개인주의의 추동력이었다는 것이다. 물론 리스먼은 벨라를 비롯한 그의 숱한 동조자들과는 달리 개인주의(내면 지향성)를 좋은 것으로 보았다.

그러나 좋건 나쁘건 종교개혁은 개인주의와 아무 상관이 없었다! 1978년 앨런 맥팔레인은 마르크스와 베버와 여타 학자들이 사용한 영국 개인주의의 모든 측정 잣대가 시기상 종교개혁을 수세기나 선행함을 보여주는 태산같이 많은 데이터를 제시했다! 맥팔레인은 자신의 발견을 이렇게 요약했다.

사실 기록이 존재하는 시대 안에서 영국인이 홀로서기를 하지 않은 시기를 찾기란 불가능하다. 자기중심적 친족 체제로 상징화되며 형성된 영국인은 자기 세계의 중심에 서 있었다. 이는 영국 개인주의의 기원을 … 개신교라는 차원에서 설명하는 것이 더 이상 가능하지 않음을 뜻한다. 그러나 개인주의를 어떻게 정의하든, 개인주의는 16세기의 여러 변화에 시기적으로 선행했고, 이 모든 변화의 형성에 영향을 미쳤다고 할 수 있다.[26]

바로 이것이다. 루터는 서구 개인주의 발흥의 원인이 아니었다. 마찬가지로 개신교 개인주의는 자살을 유발하지 않았다.

7

교회는 세속화로
침체될 것인가

중세 유럽인은 종교성을 강조하는 장소, 형상, 활동에 에워싸여 늘 천사들의 노랫소리가 들릴 듯한 황홀경 속에 살았다는 것이 우리의 지배적 통념이다. 찰스 테일러에 의하면,

'도처에' 종교가 있었다. 종교는 모든 것에 씨줄과 날줄로 꿰어져 있었으며, 모로 봐도 그 자체로 구분된 하나의 '영역'이 아니었다. … [이런] 세상에서 무신론은 감히 생각조차 할 수 없었다고 해도 과언이 아니다. 하나님이 실존하시며 우주 속에서 운행하신다는 사실 … 악을 막는 울타리 역할을 하신다는 사실은 … 너무도 지당한 사실이었다.[1]

월리엄 맨체스터1922-2004가 베스트셀러《불로만 밝혀지는 세

상》_{이론과실천 역간}에서 한 말이다. "중세의 사고 속에는 의심이 들어설
여지가 없었다. 회의주의는 가능성조차 존재하지 않았다."[2]

그다음 마르틴 루터가 등장하여 "후기 중세 사회의 과도한 종
교적 겉치레를 급진적으로 축소했다."[3] 루터를 비롯한 많은 개신
교 사제들은,

> 성인聖人, 성지, 절기, 성물의 범위를 제한하려 했다. … 성지와 성
> 물이 줄어들었고, 성지순례, 유적, 성화聖畵와 조각상을 없애려 했
> 다. 심지어 교회조차 더 세속적 공간이 되었다. … 성스런 절기
> 역시 줄어들었다. … 급기야 성스러움과 그 위력을 세상에 전파
> 할 일상생활 속의 계기들이 대폭 줄어들었다.[4]

그 결과 초기 개신교 신학자들은 종교를 '삶을 에워싼 경험'에
서 '일련의 신념 체계'로 축소했다. 그 과정에서 그들은 막스 베버
의 너무도 유명한 표현대로 "세상의 탈환상화_{disenchantment}"를 야기
했다.

어쩌면 세상의 탈환상화 과정에서 가장 의미심장한 면모는
"도전받지도, 문제시되지도 않던 하나님에 대한 믿음이 여러 선택
중 하나로 이해되는 사회로의 이행"[5]일 것이다. 이제 하나님에 대
한 믿음은 하나의 '선택'으로 여겨졌고, 근대 세계에서 불신을 선
택하는 사람들이 늘어남에 따라 세속화 추세가 가속화되었다.

키스 토마스는 그의 기념비적 저서《종교와 마술, 그리고 마술

의 쇠퇴》1971, 나남출판 역간에서 세상의 탈환상화의 원인을 감탄스러울 정도로 세밀하게 추적해 들어간다. 물론 토마스는 마술과 미신으로부터 사람들이 해방되었다는 사실과 그 결과로 여겨지는 세속성의 수용을 모두 예찬했다. 토마스는 비범한 명료함과 탁월한 세밀함으로 자신의 주장을 전개했지만, 이제는 고정관념이 된 내러티브를 그대로 답습했다. 그러니까 사회의 개신교적 탈신성화desa-cralization가 세속화를 촉발했다는 것이다. 다행히도 모든 이가 동의하진 않는다. 최근 알렉산드라 월샴은 "탈환상화 논제는 이제 거의 수명이 다한 것으로 보인다"[6]는 통찰로 품격 있게 내용을 요약했다. 그리고 앞으로 살펴보겠지만 실제로 수명을 다했다.

어떻게 개신교가 세속화를 초래했는지에 관한 두 번째 설명이 있는데, 이는 첫 번째 설명과 완전히 일맥상통하며 무엇보다 더 널리 수용된 이론이다. 개신교는 개인에게 성경 공부를 통해 자신의 구원을 이루어야 한다는 부담을 지움으로써 끝없는 조직 분열과 갈등에 허가증을 내주었다. "일단 루터가 개혁이라는 판도라 상자를 부수어 열어젖힌 후에는 다른 이들이 나름의 성경 이해를 가지고 교회에서 떨어져 나가는 것을 막을 길이 없었다. 이 시점부터는 돌이킬 길이 없었다. 근대 세계는 점점 더 다원화될 것이다."[7] 그리고 관련해서 지배적인 시각은 개신교가 문자적으로 수천 개의 이견을 가진 교단들로 쪼개지는 과정에서 서로를 깎아내림으로써 종교적 권위가 실추되는 결과를 가져왔다는 것이다. 그러니까 다원주의에서 세속화가 비롯되었다는 것이다.

가장 최근에 역사가 브래드 그레고리가《의도치 않은 종교개혁: 종교혁명은 어떻게 사회를 세속화시켰는가》*The Unintended Reformation: How a Religious Revolution Secularized Society, 2012*를 통해 이 시각을 생생하고도 아주 세밀하게 피력했다. 그레고리는 '후기 중세 기독교'의 문제를 인정하는 데서 출발한다.

> 이상과 현실 간에 … 괴리가 있었다. … 문제의 근원이 교리라고 생각했던 종교개혁 지도자들은 성경으로 되돌아감으로써 문제를 바로잡으려 했다. 그러나 그 과정에서 의도치 않게 여러 종류의 바람직하지 않은 이견들이 생겨났다. … 교리 논쟁은 말 그대로 끝이 없었고, 파괴적이며 결론이 나지 않는 [갈등이] 계속되었다.

그들이 마련한 대책은 "종교를 사유화하고 공적 영역과 구별하는 것이었다." 그 결과가 세속화였고, 이로 인해 "세속적, 종교적 진리 주장과 관행이 난립하여 오늘날의 초超다원주의를 이루게 되었다." 그래서 그레고리는 묻는다. "모든 사회 구성원이 거의 보편적으로 받아들이는 소비주의를 빼곤 공유하는 신념이나 기준, 가치가 거의 없는 사회에서 대체 어떤 종류의 공공 생활이나 공통 문화가 가능하겠는가?"⁸

다원주의가 세속화를 초래했다는 주장은 단지 역사적 논제가 아니다. 사회학자들의 손에서 이는 사회 통합에 관한 일반론이 되었다. 피터 버거는 저서《성막》*Sacred Canopy, 1969*에서 이 점을 훌륭하게 표현했다. 버거는 사회과학의 여러 '창시자'를 거론하며 "종교의 고전적 사명은 공통의 세계를 구축하여 그 내부의 모든 구성원에게 사회생활에서 구속력을 갖는 궁극의 의미를 부여하는 것"[9]이라고 주장했다. 이것이 가능하려면 전 사회를 포괄하는 지배적 단일 신앙, 즉 '성스러운 장막'(보편적·종교적 관점)이 있어야 한다. 따라서 버거는 다원주의의 발흥으로 근대 사회에서 종교가 쇠락의 길로 접어들었으며 우리 모두 비종교적 미래를 맞게 될 것이라고 결론지었다. 버거가 〈뉴욕타임스〉와의 인터뷰에서 말했듯이 "21세기가 되면 종교 신자들은 전 세계적 세속 문화에 저항하기 위해 옹기종기 모이는 작은 점조직으로만 존재할 것이다. … 신자들은 날이 갈수록 미국 대학을 장기방문 중인 티베트의 점성학자가 경험할 법한 고충을 겪을 것이다."[10]

그러나 다들 틀렸다. 개신교는 세속화의 원인이 아닐 뿐 아니라 그 어떤 것도 세속화를 초래하지 않았다! 먼저 출발점에 서보자.

중세의 경건성이라는 신화

1장을 상기하자. 그 얼마나 황홀한 세계였던가! 교회로 모인 사람들을 보라. 술 취하고, 소란을 피우고, 말을 안 듣고, 행패를 부리며 욕설을 하고, 잠에 곯아떨어졌다. 이들은 교회 출석자들이 극소수였던 시대에 그나마 교회에 나온 사람들이었다. 비단 독일만의 상황은 아니었다. 키스 토마스가 영국의 교회 재판소 보고서와 사제 일지를 꼼꼼히 검토하는 과정에서 발견한 것은 교회 출석자가 너무 적다는 불평만이 아니었다. 이 외에도,

> 많은 교회 출석자의 행동은 모범적인 것과는 너무 거리가 멀어, 예배가 본 취지를 벗어나 희화화되기 일쑤였다. … 회중은 장의자에 앉기 위해 몸싸움을 했고 이웃을 쿡쿡 찌르고 고성을 지르거나 침을 뱉고 뜨개질을 하고 무례한 발언을 하고 농담을 하고 잠을 자고 심지어 총을 쏘기도 했다. … 1598년 케임브리지샤이어의 한 남자는 교회 안에서 "가장 혐오스럽게 방귀를 뀌고 구타하고 설교를 조롱하여 선을 크게 훼방하고 악을 크게 즐기는" 불량한 행동으로 고발당했다.[11]

무신론은 "생각할 수조차 없고", "의심이 들어설 여지가 없었다"라는 부분에 관해서는, 가장 원시적인 사회에서도 무신론자들이 자주 관측된다는 점을 주목했으면 한다.[12] 중세 유럽의 경우 이신론이 파다했으며, 엘리자베스와 자코뱅 시대의 작가들이 왕왕 개탄했듯이 무신론도 존재했다.[13] 귀족 중에는 월터 랄레이 경을 구심점으로 한 무신론 집단이 존재했으며, 서민 중에도 무신론자들이 있었다는 증거가 있다. 이를 상세하게 문서로 정리한 토마스는 이런 결론을 내린다. "산업주의가 출현하기 오래전부터 두터운 종교적 냉담, 이설異說, 불가지론이 존재했으나, 이에 대한 정의 실

현은 미흡했다."¹⁴

　대부분 중세 유럽인은 초자연적 존재를 믿었고 뭔가 필요한 것이 생길 때마다 마술을 의지했다. 그렇다손 치더라도 다양한 초자연적 존재나 세력을 의지하여 강요나 매수의 방법으로 소원 성취를 하는 것은 경배와는 전혀 다른 차원이다. 이를 황홀경에 산다는 것과 동일시하는 것은 또 다른 신화를 받아들이는 격이다.

　이 중 어떤 것도 '새로운' 지식이 아니다. 내가 위에서, 그리고 1장에서 인용하거나 언급한 대부분의 연구는 적어도 40년 전에 나왔다(토마스의 역작은 1971년에 발간되었다). 그런데 찰스 테일러와 같은 비중 있는 학자들은 여전히 중세의 보편적 경건성이란 이미지를 너무도 곧이곧대로 받아들여 근거 자료를 제시할 생각조차 않는다. 이는 부분적으론 역사의 '발칸화' 탓이다. 즉, 학자들이 특정 시공간에만 몰두하는 것이다. 여기서 알 수 있는 점은 너무 많은 학자가 자기 연구 분야에서 핵심적인 사안을 다룰 때조차 주어진 통념에만 의지한다는 것이다.

다원주의의 미덕

　피터 버거는 세속화의 승리에 관한 부분에서 틀린 것처럼, 다원주의의 부정적 효과에 대해서도 틀렸다. 버거의 말대로 한다면 21세기에 들어선 지 꽤 되는 시점에서 종교는 거의 소멸했어야 한다. 그러나 차차 보겠지만 전 세계적으로 종교의 존재감은 그 어느 때보다 막강하다.[15] 그리고 사람들이 종교적 다양성으로부터 자신을 보호해줄 성스러운 장막을 필요로 하는 것 같지도 않다. 얼핏 보면 사람들은, 크리스천 스미스의 기발한 이미지처럼, '성스러운 우산들'만으로도 충분히 만족하는 듯하다.[16]

　　스미스가 설명했듯이 모든 이웃과 합의를 이뤄야만 종교적 확신을 유지할 수 있는 건 아니다. 사람들이 필요로 하는 건 같은 생각을 하는 친구 집단뿐이다. 다원주의는 종교의 신뢰성에 도전이 되지 않는다. 한 종교 교단에 충성하는 사람은 타종교 헌신자들의 존재와 무관하게 자기 신앙에 전적으로 충성할 수 있다. 따라서 메리 조 나이츠가 가톨릭 은사주의 연구를 통해 발견한 바는 종교적 선택에 대한 충분한 의식이 "그들 자신의 신념을 저해하지 않았다는 것이다. 오히려 그들은 스스로 신념체계를 '시험'한 결과 그 우월성을 검증받았다고 생각했다."[17] 그리고 린 데이비드먼은 무교無教에서 기독교 정교Orthodoxy로 개종한 유대인 여성들에 관한 연구에서 "현대 미국의 다원화와 여러 갈래의 선택안이 가능한 현실이 실은 유대인 공동체를 강화시켰다"[18]라고 고찰했다.

　　미국의 사례는 '성막 주장'의 어리석음을 명확하게 드러낸다. 이제껏 지상에 존재한 어떤 나라보다 완벽하게 다원적인 나라인 미국에서도 종교는 흥왕하고 있다. 절대적으로 명백한 사실은, 도태되지 않으려면 효과적으로 신도를 모집해야 하는 종교집단 간의 경쟁적 환경이 이런 결과를 초래했다는 것이다.

1776년 미국 독립혁명의 시발점에 많은 청교도와 치열한 신앙을 소유했던 여러 교파의 신자들이 미국에 정착했다. 그럼에도 당시 미국 인구 중 지역교회에 활발하게 참여한 사람은 17퍼센트 정도에 불과했다(이는 당시[그리고 현재의] 유럽과 비슷한 수준이다). 시간이 흐르며 교파 수가 급증하며 교인 수가 불어났다. 1850년 즈음에는 미국인의 3분의 1이 지역교회에 소속된 상태였다. 21세기 초엽에는 미국인의 절반이 교회에 소속되어 있었으며, 오늘날에는 약 70퍼센트가 지역교회에 적을 두고 있다.[19]

19세기 유럽의 관찰자들은 미국의 다원주의가 종교 참여에 긍정적 영향을 미친다는 사실을 잘 알았다. 독일의 카를 그리징거의 말이다. "미국의 성직자들은 여느 사업가들과 같다. 그들은 경쟁에 부응해야 하고 덩치를 키워가야 한다. … 왜 세계 어느 곳보다 이곳 미국의 출석률이 높은가가 이제 분명해졌다."[20]

미국 가톨릭교회의 경험 또한 시사하는 바가 크다. 19세기 중엽 미국으로 대거 유입된 가톨릭 이민자들은 종교 참여와 관심을 저조한 수준 그대로 가지고 왔다(유럽 출신국에서는 지배적인 현상이었다). 처음에는 많은 가톨릭 이민자가 그들을 대상으로 공세적 포교를 했던 개신교로 이탈했다. 그러나 얼마 못 가 발 빠르게 적응한 미국의 가톨릭 성직자들이 (부흥회를 비롯한) 개신교의 여러 기법을 도입했고, 미국 가톨릭교회는 곧 유럽의 어떤 가톨릭교회와도 비교할 수 없는 강력하고 효율적인 교회가 되었다.[21]

유럽 안에서조차 다원주의의 미미한 편차는 종교성에 상당한 격차를 가져왔다. 맨 처음 유럽의 저조한 종교성을 설명하기 위해 다원주의 논제를 적용했을 땐[22] 대상이 14개의 주요 유럽국[23]과 호주, 뉴질랜드, 캐나다, 미국으로 제한되어 있었다. 분석 과정에서 인구의 80퍼센트 이상이 가톨릭 신자인 유럽 나라는 제외하고 차후 다른 분석에서 따로 다루었다.[24] 결과는 놀랄 만큼 강력했다. 이들 국가의 교회 출석에서 총 변동분의 90퍼센트 이상이 다원주의로 설명 가능했다. 더욱이 미국은 일탈적 사례가 아니라 회귀선에 근접해 있었다(이례적으로 높은 수준의 교회 출석은 높은 수준의 다원주의와 전적으로 비례했다). 가톨릭 국가의 경우 몇몇 연구를 통해 전체 인구 중 가톨릭 신자의 비율이 낮을수록(즉, 경쟁이 치열할수록) 가톨릭 신자의 신앙적 헌신도가 높은 것으로 밝혀졌다.[25]

그다음 나온 것이 에바 햄버그와 톨라이프 페터슨의 스웨덴 데이터를 근거로 한 미묘하면서도 설득력 있는 세 가지 연구였다.[26] 스웨덴의 매우 제한적인 다원주의에도 불구하고 이 학자들은 교회 출석에 다원주의가 매우 강력한 영향을 미치는 것을 발견했다. 다원주의라고 해봐야 국교회 예배 참여 횟수와 시간 변동 정도밖에 안 되었지만, 출석률은 상당히 유의미하게 반응했다.

이 연구들은 유럽 교회의 출석률이 저조한 원인은 주로 국고 보조를 받는 게으르고 독점적인 교회들이 경쟁을 최소화함으로써 스스로 무기력해졌기 때문임을 확실하게 보여준다. 이 연구들은 또한 개신교 교파의 증식이(비록 세속화가 일어났을지라도) 세속화를 초래한 것이 아님을 보여준다.

세속화 신화

유럽인은 수 세기 동안 '종교의 죽음'을 예고해왔다. 맨 처음 구체적인 시일을 명시한 사람은 성공회 사제 토마스 울스턴이었다. 그는 1710년에 쓴 글에서 1900년까지 모든 종교가 소멸할 것이라고 예언했다.[27] 50년 후 프레데릭 대제는 자신의 벗 볼테르에게 쓴 편지에서 울스턴이 지나치게 비관적이었다고 결론 내리며 "영국인 울스턴은 … 최근에 일어난 일을 감안하지 못했다"라고 지적했다. 프레데릭은 종교가 "스스로 붕괴하고 있으며 그 몰락은 더 급속할 것이다"[28]라고 했다. 이에 대하여 볼테르는 종교가 향후 50년 안에(약 1810년까지) 사라질 수 있다고 말했다.

이런 주장은 계속되었다. 토마스 제퍼슨은 1822년에 "현재 미국에 사는 젊은이 중 유니테리언 교인[그리스도의 신성을 부인한다—옮긴이]으로 죽지 않을 이는 한 명도 없다"라고 예언했다. 오늘날, 제퍼슨이 그 글을 쓴 지 근 2세기 후, 유니테리언 교회는 유니버설리스트 교회와의 통합 이후 교인이 약 16만 명 수준에 불과하며 2014년에는 심각한 자금난으로 보스턴 교단 본부 건물을 부동산 시장에 내놓았다.

그럼에도 여전히 '개신교 윤리'를 믿으며 개신교가 '과학 혁명'을 일으켰다고 주장하는 사람들은 (희박한 근거를 토대로) 세속화가 임박했다고 믿는다(그리고 바란다).

다음의 팩트를 살펴보라.

- 세계의 대규모 신앙들은 모두 성장세이며, 기독교는 그 어떤 신앙보다 월등히 빠른 속도로 성장하고 있다.
- 전 세계적으로 81퍼센트가 조직화된 신앙 체계에 소속되어 있다고 주장하며, 그 외 상당수가 예배에 참석한다고 말한다.
- 종교를 불문하고 지구 전체 인구의 74퍼센트는 종교가 자기 일상의 중요한 부분이라고 말한다.
- 세계인의 50퍼센트가 과거 7일간 예배당에 다녀온 적이 있다고 말한다.
- 스스로 무신론자라고 밝힌 사람이 5퍼센트가 넘는 나라는 극히 드물다. 중국, 베트남, 대한민국은 무신론자가 인구의 20퍼센트를 상회하는 유일한 나라들이고, 무신론자가 30퍼센트가 넘는 나라는 세계 어디에도 없다.
- 조직화된 신앙의 영향이 미치지 못하는 모든 틈새마다 온갖 형태의 비₩교회적 영성과 신비주의가 창궐하고 있다. 러시아에는 의사보다 사이비 종교인의 수가 더 많다.[29] 아이슬란드 인구의 55퍼센트가 훌두포크 *huldufolk*로 통칭되는 난쟁이, 요괴, 요정의 존재를 믿는다.[30] 그리고 대다수 일본인이 새 차를 구입하면 신도神道 사제의 축원 기도를 받는다.

이런 종합 통계의 출처는 어디일까? 전 세계 인구의 98퍼센트에 해당되는 163개국을 대상으로 매년 나라별로 전국적인 여론조사를 실시하는 '갤럽 세계여론조사'에서 가져온 것이다. 이 경이로운 데이터에 접근할 수 있도록 해준 갤럽에 감사한다. 무신론 등 기타 통계의 출처는 '세계 가치관 조사'World Values Surveys와 '국제 사회 조사프로그램'ISSP이다. 이 다국적 여론조사는 '갤럽 세계여론조사'보다는 훨씬 적은 나라를 대상으로 하지만 누구에게나 자료를 제공한다.

물론 세속화론의 신봉자 대부분은 사하라 이남 아프리카의 지극히 높은 기독교 교인 비율과 기독교 참여율, 급성장세의 중국 기독교 인구를 보면서도 별로 고민하지 않는다. 그들은 결국 전 세계적으로 종교가 사라지리라 기대하지만, 대다수는 먼저 기독교 국가에서 소멸하리라 기대한다. 그들이 증거로 제시하는 것이 유럽의 저조한 교회 출석률이다. 그렇다면 유럽에 초점을 맞춰보자.

실제로 유럽의 교회 출석률은 세계 어느 지역보다 낮다. 그러나 이것으로 중세 시대보다 크게 퇴보했다고 보긴 어렵다! 더욱이 유럽인 중 스스로 무신론자라고 밝히는 사람은 거의 없다. 유명한 영국 사회학자 그레이스 데이비는 이들을 '무소속 신앙인'이라고 부른다.31 그리고 많은 영국 학자들이 세속화 논제를 뿌리 뽑기 위해 이 현상을 주목했다. 옥스퍼드의 데이비드 내쉬가 최근 발표한 글의 부제는 "주요 내러티브로서 실패한 세속화론"이었다.

어떻게 실패했는가? 세속화 논제를 뒷받침하는 종교를 정의하는 과정에서 너무 '교회'에 편협하게 국한한 나머지 대중적이면서도 교회화되지 않은 종교적 표현 형태를 고려하지 못하고 그것을 모두 비종교로 간주했기 때문이다.32 실제로 일찍이 1세기 전 마

가렛 로앤은 노동자 계급 가족에 대한 그녀의 출중한 관찰을 통해 이 논점을 강력하게 피력했다.

> 교회 출석자와 성당 출석자를 한데 묶고 나머지 이웃은 종교가 없다고 보거나 예배당에서 아이들과 청년의 비중을 추산한 다음 '청소년은 종교에 구애받지 않는다'라고 말하는 것은 … 심각한 오류다. 이는 통상적인 외적 징후를 내면의 영적 은혜와 혼동하는 것이다. 빈곤층 다수가 거의 교회에 출석하지 않는 것은 그들이 비종교적이기 때문이 아니라 이미 오래전에 삶을 통해 진리를 수용하고 흡수했기 때문이다. 다만, 그들은 공예배에 참석하는 것이 의무라고 생각하지 않으며 그런 주장을 신뢰하지 않을 뿐이다.[33]

로앤이 고찰했듯 19세기 말에도 영국의 교회 사역자들churchmen과 학자들은 낮은 교회 출석률이 전반적인 종교성 쇠퇴에 기인한다고 설명했다(이는 얼마 후 세속화 논제로 개념화되었다). 교회 사역자들이 이 설명에 특별한 매력을 느낀 이유는 그들이 책임지지 않아도 되었기 때문이었다(만일 근대화가 원인이라면 종신직 성직자의 나태함에도 불구하고 그들 잘못은 아니므로). 따라서 만일 교회 출석이 감소하면 비록 비교회적 형태의 영성에는 감소가 없거나 교회 출석 감소에 상응하는 증가가 다른 형태로 있었을지라도 세속화가 진행되고 있다는 증거로 본다는 시각이 20세기 내내 지배적이었다. 다음은 사라 윌리엄스의 고찰이다.

> 단순하게 종교를 제도권 교회의 관행과 동일시하는 것은 …
> 1960년대와 70년대에 이루어진 상당한 연구에서도 … [계속되
> 었다]. … 오늘날에는 '내면의 영적 은혜'와 '통상적 외적 징후'를
> 혼동하는 심각한 오류를 범하는 역사학자들은 거의 찾아볼 수
> 없다. 대부분은 로앤의 강조점에 수긍하며 동조할 것이며, 교회
> 와 성당 출석자의 총합이 종교적 열심을 증명하는 데 부적절한
> 척도라는 것에 의견을 같이한다. 아울러 근로계층의 일상생활에
> 서 대중적 종교의 중요성을 지적하는 이도 있을 것이다.[34]

이제까지 세속화 논제를 이처럼 놀랍게 묵살해온 것은 지난
수 세기간 종교를 전문적으로 연구한 영국 역사학자들에게 주로
국한된 일이었다. 그러나 그들이 제기하는 논점은 유럽 전체에 적
용해도 똑같이 유효하다. 진짜 의미 있는 질문은 이것이다. 만약
사람들이 여전히 종교적이라면 왜 교회에 속하지 않을까? 왜 그
들은 무소속 신앙인으로 남길 원하는가?

그 이유는 나태하고 사사건건 딴지만 거는 국교회들이 그들을
효과적으로 끌어들이지 않기 때문이다! 대부분의 유럽 국가에는
종교적 '자유'를 사고파는 시장이 갖춰지지 않았다. 많은 나라에
서 기성 국교회들은 세금으로 유지되며, 정부가 특정 종교에 상당
한 '특혜'를 제공하는 나라도 많다. 그리고 거의 모든 유럽 국가에

서 정부 관료제는 기성 종교 질서에 도전하는 모든 종교적 '외부자'와 '신착자'에 대해 공개적으로, 혹은 은밀하게 개입한다.

덴마크, 핀란드, 아이슬란드, 노르웨이에는 루터파 국교회가 있다. 스웨덴은 2006년에 루터파 국교회의 기득권적 지위가 폐지되었으나 2006년 이후에도 계속 정부가 교회를 위한 종교세를 징수했다. 독일에는 두 개의 국교회가 있는데, 복음주의 국교회(개신교)와 로마 가톨릭 국교회 둘 다 세제 지원을 받으며 성직자들은 공무원 신분으로 분류된다. 스위스의 일부 캔톤(행정구역)은 로마 가톨릭을 국교회로 인정하며 일부 캔톤은 복음주의개혁교회를 국교회로 지지한다. 오스트리아에서는 로마 가톨릭교회가 세제 지원을 받으며 스페인은 국교회가 연간 60억 유로가 넘는 국고지원을 받는다. 이탈리아에서는 국민이 직접 몇 안 되는 기독교 교파 명단 중에서 자신들이 납부하는 교회세를 수령할 교파를 선택한다. 벨기에는 교회세를 징수하지 않지만, 정부가 매우 큰 규모의 국고를 가톨릭, 개신교, 성공회, 유대교, 이슬람, 그 외 '비교파적' 단체들에 지원한다. 네덜란드에서도 교회세는 없지만, 대표적인 개신교 교회들과 로마 가톨릭이 상당액의 보조금을 받는다. 프랑스에서는 직접적인 정부 지원을 받는 종교 단체가 없지만, 가톨릭 학교에 막대한 보조금이 지원되며 정부 관료제는 로마 가톨릭교회에 엄청난 특혜를 베푼다. 마지막으로 영국 국교회는 세제 지원을 받거나 보조금을 수령하진 않지만, 기득권 신앙의 지위를 유지하고 있다. 의무적으로 십일조를 징수했던 과거 수 세기 동안 누적된 거액의 유산으로 영국 국교회는 운영비를 스스로 감당할 수 있을 정도다.

국가와 교회의 밀착으로 많은 점이 달라졌다. 무엇보다도 교회가 나태해졌다. 사람들이 출석하든 말든 돈이 계속 들어오니 사제들이 애써 노력할 필요가 없었다. 둘째, 이 밀착으로 사람들은 종교를 '일종의 공공재'로 바라보게 되었다.[35] 이제 정부가 알아서 할 테니 개개인이 교회를 지키기 위해 할 일이 없었다. 이런 태도는 교회에 기부하는 일을 꺼리게 했고 국고 보조를 받지 못하는 교파가 경쟁하기 어려운 환경을 조성했다. 그래서 독일 전도자들이 텔레비전 사역에 나섰을 때 시청자는 끌어들였지만 기부금은 끌어들이지 못했다.[36] 종교는 공짜여야 한다는 인식 때문이었다.

또한 특혜받는 교회가 있으면 정부는 그렇지 않은 교회를 훼방하고 괴롭히게 된다. 프랑스 정부는 (침례교를 비롯한 대부분 복음주의 개신교에 속한) 173개의 교단을 위험한 사이비 종교로 공식 지정하여 중과세를 부과하고 교인은 고용 등의 영역에서 공식적인 차별을 받게 했다. 그 후 벨기에가 프랑스의 뒤를 이어 퀘이커, YWCA(YMCA는 불포함), 하시드파 유대교, 하나님의 성회, 아미쉬, 불교, 제칠일안식일교 등 189개 조직을 위험한 사교로 지정했다.

의회 조례로 이단시되지 않은 교단들조차 정부 간섭의 표적이 된다. 영국의 저명한 사회학자 제임스 벡포드가 지적했듯이 유럽 전역에서 정부 관료들은 "공식적인 초연함의 커텐 뒤에서 … 행정적 제재를"[37] 가한다. 많은 개신교 단체는 교회 건축 허가가 나오지 않아 수년째 대기 중이다. 심지어 기존 건물을 교회로 용도 변경하는 것조차 허가가 잘 나오지 않는다. 여러 스칸디나비아 나라에서는 더 이상 교회가 '필요하지 않다'는 판결이 나오면서 건물 허가가 지체되는 일이 다반사다.[38] 독일에서는 많은 오순절 교단이 교회가 아닌 스포츠 클럽 같은 비종교 단체로 나라에 등록하지 않는 한 면세 지위를 획득하지 못한다. 이 경우 정부는 간혹 면세 지위를 취소하고 회중에게 지불 불가능한 액수의 벌금을 매기고 소급세를 요구한다.[39]

그럼에도 많은 유럽 학자들이 자기 나라가 온전한 종교의 자유를 누리고 있다고 장담한다. 그 주장을 반박하고자 여기서 굳이 국가의 개입 사례를 재론하지 않아도 된다. 브라이언 그림과 로저 핑케[40]가 종교 생활에서 정부 간섭을 측정하는 양적 척도를 계발했기 때문이다. 그들은 상당히 존중받는 미국 국무부의 연례 〈국제 종교자유 보고서〉*International Religious Freedom Report*를 토대로 코딩coding을 했다. 그림과 핑케의 척도 중에는 "국가의 공식 법, 정책, 행정 조치에 의해 종교적 실천, 선포, 선정에 부과되는 제한"을 반영하는 '정부규제지수'GRI가 있다. GRI는 0.0(규제 없음)부터 10.0(단일 종교만 허용됨)까지의 점수로 표현된다. 이 척도상 대부분 유럽 국가는 비록 미국에 훨씬 못 미치는 수준이지만 상당한 종교적 자유를 제공하는 것처럼 보이며, 규제가 가장 강한 나라는 프랑스(3.9)였다. 그러나 그림과 핑케의 두 번째 척도인 '정부특혜지수'GFI를 보면 상당히 다른 이야기가 전개된다.

특혜지수는 국가가 특정 종교나 소수의 종교에 제공하는 보조금, 특권, 지원, 특혜성 인허가를 근거로 한다. 이 지수 역시 0.0(특혜 없음)부터 10.0(극도의 특혜)까지의 변동폭이 있다. 대만과 영국은 0.0이며 사우디아라비아와 이란은 9.3이었다. 아프가니스탄과 아랍에미리트연방은 7.8인 반면 아이슬란드, 스페인, 그리스는 7.8, 벨기에는 방글라데시의 7.3과 인도의 7.0보다 약간 높은 7.5였다. 모로코는 6.3, 덴마크는 6.7, 핀란드는 6.5, 오스트리아는 6.2, 스위스는 5.8, 프랑스는 5.5, 이탈리아는 5.3, 노르웨이는 5.2였다. 유럽(영국은 제외)의 종교 '시장'은 정부의 특혜 정책에 의해 심하게 왜곡되어 있으며, 여기에 뭐라 덧붙일 말이 없다!

출산률과 신앙

현대 조건에서 인구 감소를 막으려면 평균 출산율이 여성 1인당 자녀 2.05명은 되어야 한다(각 부모를 대체할 자녀 1인에 영유아와 아동 사망률 상쇄를 위해 소수점 이하의 숫자가 필요하다). 유럽의 출산율은 폴란드(1.39)와 이탈리아(1.41) 같은 가톨릭 국가조차 대체율을 훨씬 밑도는 수준임은 이미 알려진 사실이다. 이 상태가 지속되면 결국 유럽에는 유럽인이 없을 것이다. 그렇다고 해서 유럽이 이슬람 차지가 되지도 않을 것이다. 상당히 의외지만 유럽에 속한 회교국을 포함하여 대부분 회교국에서도 회교도의 출산율이

대체율 밑으로 떨어졌기 때문이다(또는 향후 수년 내에 그렇게 되리라고 예상된다).[41]

그러나 여기에는 놀라운 반전 카드가 한 장 숨어 있다. 유럽의 독실한 기독교 여성은 계속하여 대체 출산율을 한참 웃도는 자녀를 출산하고 있다. 〈표 7.1〉은 독일의 막스 플랑크 연구소의 토마스 프레이카와 프린스턴 대학교의 찰스 웨스토프가 취합한 자료다.[42] 그들은 매우 방대한 사례를 축적하기 위해 많은 표본을 통합했다. 결과는 확정적이다!

여자의 교회 출석	출산율
주 2 회 이상	2.74
주 1회	2.23
월 1~3회	1.93
월 1회 미만	1.83
전혀 출석하지 않음	1.79

〈표 7.1〉 **유럽 기독교 신자의 교회 출석과 출산 (35~44세 여성)**
_출처: 프레이카와 웨스토프, 2008.

런던대학교의 에릭 카우프만 교수가 저서 《신앙인이 땅을 차지할 것인가》*Shall the Religious Inherit the Earth?*, 2010에서 이 출산율 격차의 함의를 충분히 다루었다. 카우프만은 유럽 인구 중 종교인 부문은 성장세이고 오직 비종교인 부문만 감소세이기 때문에 비종교적 유럽 인구가 멸종으로 가고 있으며 이런 출산율 격차가 유럽의 엄청난 종교적 부흥을 초래할 것이라고 고찰했다.

　카우프만이 제시한 논리의 연장선상에서 내가 추산한 바로는 유럽 전체적으로 약 4세대 이상 지나면 종교 인구가 비종교 인구를 수적으로 압도할 것이다! 소요기간은 현재의 종교와 비종교의 비율에 따라 나라마다 다르겠지만, 만일 다른 모든 조건이 동일하다면 최종 결과는 같게 나올 것이다. 만일 유럽 종교인의 출생률이 대체율을 상회하는 수준에서 유지된다면 인구는 성장할 것이고 교회는 사상 최초로 가득 찰 것이다.

8

개신교와 가톨릭,
상호 경쟁으로 성장하다

개신교 종교개혁으로 교부들은 1551~2년의 1차 트렌트 공의회
와 1562~3년의 2차 공의회를 통해 유의미하고 유익한 개혁, 이
른바 '맞불 종교개혁'을 단행했으며, 이것이 가톨릭에 긍정적인
영향을 미쳤다는 주장에 동조하는 이들이 많다. 이를 제외하곤 개
신교의 발흥은 교회의 보편성을 파괴하고, 가톨릭교회를 교인이
나 붙들기 위해 안간힘을 쓰는 소수파 신앙으로 몰아갔다는 점에
서 예나 지금이나 지속해서 교회에 상당한 해악을 끼쳤다는 관점
도 있다. 사회학자뿐 아니라 허다한 가톨릭 고위 성직자들이 이런
관점으로 본다. 실제로 교회가 스페인과 남미 전역에서 최근까지
개신교 경쟁 상대를 법적으로 배제하는 정부 정책에 공을 들인 것
도 정확히 이런 두려움 때문이었다.

　하지만 이것 역시 신화다. 실제로는 가톨릭교회는 개신교와의
경쟁을 통해 번창했으며 경쟁할 수밖에 없는 환경을 맞이하자 훨

씬 더 성공적이며 효과적인 조직이 되었다.

나는 미국에서 실시된 몇몇 연구에서 시작하려 한다. 미국 일부 지역은 가톨릭 세력이 압도적 다수파이고, 일부 지역은 극미한 소수파이다. 가톨릭 세력의 지리적 편차가 큰 만큼 미국은 훌륭한 자연 실험실이다.

경쟁과 가톨릭 충성도

미연방 대륙의 48개 주에는 171개의 로마 가톨릭 교구가 있으며, 내가 "경쟁과 가톨릭 헌신도"에 관해 실시한 1996년의 조사는 이것을 토대로 했다.[1] 그해 텍사스주 브라운스빌 교구에 사는 주민의 82퍼센트가 로마 가톨릭 신자였다. 두 번째로 가톨릭의 비중이 높은 지역은 64퍼센트인 로드아일랜드주 프로비던스였고, 그 다음이 53퍼센트의 매사추세츠주 보스턴이었다. 이와 대척점에 있는 지역은 가톨릭 교인이 2.1퍼센트에 불과한 테네시주 녹스빌 교구와 2.2퍼센트인 미시시피주 잭슨 교구였다.

이 연구는 종교적 헌신도의 척도로 다음 네 가지를 사용했다.

1. '서품' 비율: 가톨릭 신자 10만 명당 매년 교구사제 서품자 수
   (교구사제는 항상 출신 교구에서 서품을 받는다). 사제직에 자신을
   바치려고 결단한 젊은이의 비중은 교구 일반 신도의 전반적

헌신도를 반영한다.

2. '신학생' 비율: (교계가 아닌) 세속 신학대학 입학생 수. 타교구에서 운영하는 신학교에 입학한 학생들도 그 학생의 출신 지역 교구 수치로 보고된다.

3. '사제' 비율: 가톨릭 신도 1만 명당 교구에서 섬기는 교구사제 수. 교구사제들은 출신 교구에서 섬기기 때문에 이 '사제' 비율은 교구 내 서품의 역사적 척도이며 일시적 변화의 영향을 덜 받는다.

4. '회심' 비율: 매년 가톨릭 신도 10만 명당 세례받는 성인 세례자 수. 평신도가 교회 전도의 주역이라는 점을 고려하면 높은 회심율은 일반 신도층에 존재하는 열정의 수준을 반영한다.

이 네 가지 척도 모두, 교구 내 가톨릭 신도 비율과 매우 높은 수준의 부정적 상관관계를 가지는 것으로 드러났다. 즉, 가톨릭 신도가 소수파일수록 헌신도가 더 높게 나타났다. 달리 표현하자면 프로비덴스와 보스턴같이 동료 신도가 사방에서 가톨릭 신자를 에워싼 지역에서 신도는 안일한 경향을 보였다. 녹스빌과 잭슨처럼 가톨릭 신도가 개신교의 바다 가운데 존재하는 소수파인 경우에는 가톨릭 신도들이 훨씬 더 활동적이며 헌신적이었다.

두 번째 분석은 50개 주ᄴ를 근거로 한 것이다. 주 차원의 가톨릭 신도 비율은 대동소이했고 주를 기준으로 하면 상당히 색다른 헌신의 척도 두 가지를 추가하는 것이 가능했다.

1. 〈가톨릭 다이제스트〉 비율: 가톨릭 전국잡지인 〈가톨릭 다이제스트〉가 각 주의 가톨릭 인구 대비하여 판매된 부수 비율.

2. '마리아 환영幻影' 비율: 최근 수년간 전 세계 가톨릭 신도 간에 동정녀 마리아의 환영을 목격했다고 보고하는 사람의 수가 증가하는 추세다.[2] 이 때문에 어마어마한 사원shrine과 센터가 생겨났다. 미국에 있는 사원과 센터는 가톨릭 인구 10만 명당 주州별 수치로 변환되었다. 사우스캐롤라이나가 인구 10만 명당 4개로 가장 많았다. 매사추세츠와 뉴욕은 인구 10만 명당 0.3개로 최저치였다.

위의 두 가지 가톨릭 종교성의 척도는 다른 네 가지 척도와 마찬가지로 주州별 가톨릭 인구 비중과 매우 높은 부정적 상관성을 보였다. 즉, 가톨릭 신도가 적은 지역일수록 〈가톨릭 다이제스트〉를 읽는 사람이 많았고 마리아의 환영을 목격한 사람이 많았다.

이것은 당연한 일이다. 성직자만 그런 게 아니라, 굳이 해야 하는 것 이상으로 열심을 내지 않는 것이 인간의 성향이다. 이 성향은 독점이 나태와 비효율성으로 이어진다는 잘 알려진 기초 경제학 원리로 집약된다. 근대 경제학계의 최초의 출간도서에는 이 원리를 교회에 적용한 사례가 나온다. 1776년 애덤 스미스는 종교 일반과 영국 국교회에 관해 쓴 다음의 글에서 '노력'과 '열정'의 부족을 지적했다.

성직자들은 봉록에 안주함으로써 일반 대중의 신심과 헌신의 열기를 북돋우고 유지하는 일을 게을리했다. 무기력에 자신을 내어준 성직자들은 자신의 기득권을 옹호하는 일에도 열심을 내지 못했다.[3]

이젠 정말 인상적인 사례를 살펴볼 차례다. 개신교도는 어떻게 남미의 가톨릭교회를 강화했는가를 알아보도록 하자.

남미의 개신교회화

사람들 생각에 남미는 17세기 말까지 수도사 선교사들과 스페인의 칼로 완전하게 가톨릭화된 로마 가톨릭 대륙이었다. 20세기 대부분의 시기에 공식 교회 통계를 보면 남미에서 로마 가톨릭 신도 비중이 90퍼센트를 훨씬 넘는다고 나와 있다. 일례로 〈전국 가톨릭 연감〉1949에 보고된 가톨릭 인구 비중은 아르헨티나 99.2, 볼리비아 98.0, 브라질 97.0, 칠레 99.8퍼센트였다. 하지만 이 통계는 순전한 허구였다. 아이러니하게도 이 자료는 남미 가톨릭교회에서 대규모의 이탈자가 있었음을 '입증'하는 자료로 최근에 반복적으로 사용된다.[4] 이 역시 순전한 허구다.

비록 수 세기 동안 로마 가톨릭교회가 남미 유일의 합법 종교였지만, 대중적 지지는 그리 폭넓지도 깊지도 않았다.[5] 교회나 사제가 없는 거대한 농어촌 지역이 많았고, 이 공백에는 토속신앙이 명맥을 유지했다.[6] 웅장한 대성당이 있는 대도시에서도 미사 출석률은 매우 저조했다(1950년대까지도 활발한 신앙생활을 하는 남미인의 비중은 10퍼센트에서 최대 20퍼센트였던 것으로 추정된다).[7] 남미 가톨릭의 얄팍한 저변을 반영하듯 대륙 전역의 사제 지망자가 너무 적어 늘 해외에서 대다수 사제를 영입해야 했다.[8]

한편 최근 남미 전역에서 일어난 개신교(대부분 오순절파)의 부흥으로 수백만에 달하는 헌신적 회심자가 교회에 등록했다.[9] 이 도전 앞에서 가톨릭 교계는 너무도 당황했고 종교적 관용을 외치던 교황 요한 바오로 2세조차 복음주의적 종파들을 "닥치는 대로 먹어치우는 늑대들"이라고 날 선 비판을 했다.[10] 그러나 수백만의 남미인이 개신교로 개종한 것이 과연 가톨릭교회에 백해무익했을까? 오히려 개신교와의 경쟁이 남미 가톨릭교회에 활력을 불어넣었다고 생각할 수 있지 않을까? 이 부분을 살펴보자.

게으른 남미 독점체제

스페인이 통치한 수 세기 동안 남미의 가톨릭교회는 실질적으로 하나의 정부 기구 행세를 했다. 많은 관직이 신부와 수도사로 채워졌고 교회는 국가가 교회를 대신하여 징수한 강제적 십일조로 아낌없는 지원을 받았다. 교회는 또한 큰 농업 수익을 내는 거대한 땅을 소유했다. 고로 교회는 "17세기 말 식민지 사회의 지배적 경제 세력이 되었다."[11] 18세기 말 페루에서 "규모를 막론하고 전적으로 또는 부분적으로 성직자 소유가 아닌 영지는 거의 없었다. 리마에서는 2,806가구 중 1,135가구가 신앙 공동체나 세속 사제secular ecclesiastics(수도회에 소속된 수도사에 대비되는 개념으로 대체로 청빈 서약을 하지 않은 교구 사제를 말한다—옮긴이), 경건유지재단 pious endowment(경건 사업을 목적으로 재산을 유지관리하는 재단—옮긴이)에 속해 있었다."[12] 교회는 부만 관할한 게 아니라 남미 전역의 교육 시스템까지 완벽하게 통제하고 있었다. 공립학교는 없었고 오직 교회가 운영하는 학교뿐이었다. 그 상황은 20세기까지 거의 변함없이 지속했다.

개신교 선교회

남미 거주가 허용된 최초의 개신교도는 영국인과 미국인이 대다수였던 작은 무리의 외국인 상인들이었다. 개신교 교회나 선교사는 허용되지 않았다. 20세기 들어 한참 후까지도 대부분 남미 국가는 성경 판매를 법으로 금했다. 이런 지나친 조치로 개신교만이 성경을 받아들인다는 믿음이 확산되었다.[13]

가톨릭의 법적 패권이 허물어지기 시작한 것은 19세기 후반과 20세기 초 '자유주의' 혁명으로 정부와 가톨릭교회 사이에 긴장이 조성되면서부터였다(개신교 관용은 보수정권을 지지한 가톨릭교회에 일종의 정치 보복을 하는 셈이었다).[14] 초기에는 별다른 변화가 없었다. 실제로 많은 유력한 미국 교단이 해외 선교에 열심을 내면서도 남미는 가톨릭 국가라는 이유로 진출을 꺼렸다.[15]

그러나 이 복음주의 교단들이 "가톨릭교회는 인구 대다수에게 다가가는 데 실패했다"[16]는 이유로 '신사협정'을 파기하기 시작했다. 그 결과 미국 선교계에 영속적인 내분이 일어났지만, 지금은 그 분열의 흔적을 찾아보기 어렵다. 과거에는 남미 선교사 파송이 부적절하다고 생각했던 여러 교단이 이젠 전 세계적으로 선교 활동을 거의 포기한 상태이기 때문이다.[17] 그렇게 치열한 남미선교가 시작되었지만, 보수 교단만 참여했고 오순절파가 이내 선두주자로 부상했다.

1996년에 남미 본토에 배치된 미국 출신 개신교 선교사는 거의 12,000명 수준이었다.[18] 이 수를 여러 맥락 속에서 살펴보자면, 많은 남미 국가에서 전임 미국인 선교사 수가 로마 가톨릭 교구사제 수보다 훨씬 많을 정도였다! 온두라스의 경우, 신부 1인당 5인의 선교사가 있었고, 파나마와 과테말라는 선교사와 사제 비율이 2:1로 선교사가 더 많았다. 더군다나 이 통계에는 수천 명의 미국인 단기선교사들은 포함되지 않았다.

그러나 더 중요한 사실은 남미로 파송된 미국인 선교사 수가 1996년부터 급하락세로 돌아섰다는 것이다. 2004년 미국인 선교사 수는 5,116명에 불과했다.[19] 왜 그럴까? 남미사람이 그 자리에 들어갔기 때문이었다! 오늘날 여러 남미 국가에서는 현지인 개신교 복음주의 성직자가 외국인 선교사뿐 아니라 현지 가톨릭 사제보다 훨씬 많다.[20] 이들의 급증은 남미에서 개신교 교단의 급성장을 촉발했다.

이런 일이 벌어진다는 사실이 널리 알려졌음에도 불구하고 실제 개신교 교인 통계는 찾아보기 어렵고 산발적이며 타당성 검증이 의심스러웠다. 하지만 이제 상황이 바뀌었다. 우린 '갤럽 세계여론조사'(7장에서 설명했다)를 통해 남미의 종교적 구성에 관한 데이터를 얻을 수 있었다.

갤럽 세계여론조사에 포함된 다섯 개의 작은 나라들은 '라틴' 아메리카의 역사적 구성원이 아니라는 이유로 제외했다. 네 나라(가이아나, 벨리즈, 자메이카, 트리니다드-토바고)는 과거 영국의 식민지였다. 아이티는 불어권이며 한 번도 라틴 아메리카에 속한 적이 없었다. 푸에르토리코는 미국령인데다 그 역사가 남미 국가들과는 상당히 이질적이기에 제외했다. 쿠바는 종교적 자유가 결여되어 제외했다. 그렇게 해서 남은 남미 18개국은 문화적, 역사적으로 라틴 아메리카로 규정할 수 있는 나라들이다. 통계의 정확성을 극대화하고자 나는 2007년부터[21] 실시한 모든 연도의 여론조사를 통합했다.

모든 응답자는 종교적 소속에 대한 질문을 받았다. 그 결과는 〈표 8.1〉에 있다.

나라	개신교	로마 가톨릭	기타	세속
과테말라	41	55	1	3
온두라스	39	56	3	2
엘살바도르	39	57	2	2
니카라과	34	59	4	3
브라질	26	66	4	4
도미니카 공화국	24	67	2	7
코스타리카	23	71	4	2
칠레	20	69	4	7
파나마	17	78	5	–
볼리비아	16	81	1	2
페루	16	82	1	1
콜롬비아	12	85	2	1
에콰도르	12	86	1	1
아르헨티나	11	82	1	6
우루과이	10	53	8	29
파라과이	9	89	2	–
멕시코	7	91	1	1
베네수엘라	8	87	3	2

〈표 8.1〉 남미의 개신교와 가톨릭 신자 (퍼센트)
_출처: 갤럽 세계여론조사

이 통계가 드러내는 바는 남미 대부분 지역에서 개신교가 주
요 종교 세력이 되었다는 점이다. 18개국 중 개신교 신도가 인구
의 3분의 1 이상인 나라는 4개국이며, 5분의 1 이상은 8개국이다.
'기타' 범주에는 토속신앙과 아프리카 신앙이 포함되어 있다. '세

속'은 무교無教라고 답한 자들이다. 우루과이의 '세속' 범주의 총합 (29퍼센트)이 높은 이유는 아마도 우루과이 인구의 80퍼센트 이상 이 유럽인의 직계손이라는 사실이 반영됐기 때문일 것이다.[22]

안타깝게도 개신교의 교단별 구성을 밝히는 것은 불가능하다. 하나님의성회Assemblies of God, 연합형제교회United Brethren, 그리스도의교 회Churches of Christ, 다양한 침례교 교단과 같이 미국의 주요 복음주의 교단이 차지하는 비중이 크다. 그러나 순전히 현지인으로 구성된 개신교 단체도 많으며 그 대부분은 오순절파에 뿌리를 두고 있다. 일례로 칠레의 호타베취Jotabeche 감리오순절교회는 교인이 10만 명 이 넘는 것으로 추정되며 산티아고에 18,000석 규모의 '대성당'을 가지고 있다.[23] 브라질에서는 '브라질 파라 오 크리스토'(그리스도 를 위한 브라질)라는 자립적인 오순절 교단이 1백만 명이 넘는 교 인을 끌어들였다.[24] 이런 대형 '남미 현지파' 개신교 교단뿐 아니 라 수백 개의 소규모 독립 교단들이 있다.

따라서 남미의 개신교 성장은 의미 있는 다원주의의 성장이었 다. 그리고 그 귀결점으로 대부분의 남미 가톨릭 교계는 매우 열 성적으로 반응했다. 이는 남미 개신교 성장과 관련해 발간된 거의 모든 연구 자료에서 간과하는 부분이다. 하비 콕스[25] 역시 2010 년까지 5~6개의 남미국에서 개신교가 다수파가 될 것이며, 더 많 은 나라에서 다수파가 되기 직전이라고 하면서 데이비드 스톨이 1990년 예언한 내용을 열심히 되풀이했다. 그러나 그 예언은 너 무 낙관적이었다. 개신교도가 인구의 3분의 1이라도 되는 나라는

4개국밖에 되지 않는다. 물론 주교들이 계속 자신들의 환상을 끌어안고 개신교 도전자들과 경쟁하는 일에 손 놓고 있었더라면 스톨의 예언이 현실화되었을 가능성이 크다. 초반에 가톨릭교회가 개신교의 도전에 응전할 것임을 관찰자들이 예견하지 못한 결과라면, 그건 주교들이 초기에 주창했듯이 (종교적이 아니라) 정치적인 전술이 처절하게 실패했기 때문이었다.

해방주의자

1960년대에 열성적인 개신교 교단들이 급속도로 남미에 교세를 확장해 나가자 일부 가톨릭 신학자들은 개신교의 성공 비결이 대중의 물질적 궁핍에 호소했기 때문이라고 판단했다. 이에 대한 가톨릭의 대응은 많은 신학적 언어와 이미지를 내세웠지만 실은 본질적으로 정치적인 방법이었다. '해방신학'은 "가난한 자를 동원하여 스스로 해방을 쟁취하게 하는 것"[26]을 목적으로 하는 마르크스주의와 가톨릭의 혼합이었다. 그들은 해방을 쟁취하기 위한 전술로 하층 남미인의 소그룹을 일종의 유토피아 사회주의 코뮌으로 통일하고, 그 코뮌을 통해 정치·도덕 의식을 함양하고 주변 사람들에게 진보의 모델을 제시하는 방법을 제안했다. 이 코뮌은 하층에서부터 새로운 토대를 바탕으로 사회를 재건한다는 장기 계획에 입각하여 '기초 공동체'로 불렸다.

해방신학의 대표적 이론가인 구스타보 구티에레스_{Gustavo Gutiérrez}는 페루의 도미니코회 신부였다. 그는 구원을 새롭게 정의하여 개인에 대한 강조 대신에 민중을 굴레에서 구원하는 집단적 구원을 주창했다. 완벽한 열혈 좌파였던 구티에레스는 "생산수단의 사적 소유를 철폐한 사회"를 주창했다. 그는 살기등등한 체 게바라에게 존경심을 표했으며 자신의 신학을 카를 마르크스의 저술과 노골적으로 결부하며 단 한 번도 소련을 비판하지 않았다. 리처드 루벤스타인이 지적했듯이 "고로 해방신학은 뿌리 깊이 반미적이며 부르주아 자본주의 사회에 깊은 적개심을 품으면서도 공산주의 사회에 대해서는 그만한 적개심을 표명하지 않는다."[27]

많은 미국 신부들과 수녀들, 특히 메리놀 선교회과 관련된 사람들, 미국과 유럽의 지식인(특히 사회과학자들), 남미의 다수 성직자가 해방신학에 크게 매료되었다(1965년 콜럼비아주 메들린에서 개최된 남미 주교 대회는 해방신학을 공식 인정했다). 해방신학이 민중의 가난에 대한 대응이라는 주장이 무색할 정도로 각국 가톨릭 관리들은 개신교 단체가 그 나라로 파고든 정도 만큼 해방주의자와 그 프로그램을 허용했다.[28]

그러나 모두 헛수고였다. '토대 공동체'는 민중을 일깨워 기독교 사회주의를 건설하는 데 실패했다. 사실 대부분의 토대 공동체는 도심의 지역사회에서 형성되고 느슨하게 조직된 비거주자들의 스터디그룹 수준을 한 번도 넘어서지 못했다.[29] 가난한 사람들은 미지근한 신앙을 특징으로 하는 해방신학 서클에 매력을 느끼지 못했고, 학식이 높고 '책을 좋아하는' 사람들이 매력을 느꼈다.[30] 결론적으로 토대 공동체에 참여한 남미인은 극소수였다. 아마도 거의 6억에 달하는 전체 남미 인구 중 채 200만 명이 안 되었을 것이다.[31] 해방신학은 "남미보다는 유럽과 미국의 … 가톨릭 신자들에게 더 큰 영향을 미쳤다"[32]는 주장도 있다.

해방신학이 결실하지 못한 이유는 그것이 혁명 운동도, 종교 운동도 아닌, 자기모순에 빠진 양자의 무기력한 혼합이었기 때문이었다. 더 중요하게는 물질적 궁핍에 대한 종교적 색채를 띤 해법이 오순절파의 대부흥을 막는 데는 아무 효력이 없었다. 사회과학자들(그리고 주교들) 내부의 공감대와는 달리 개신교 매력의 근거는 물질적 궁핍에 대한 보상이 아니었다.

유물론자의 사기극

남미의 오순절파 개신교의 빠른 확산에 관심을 보인 사회과학자들은 어떤 사람이 오순절파 교인이 되는지를 놓고 놀랄 만한 의견 일치를 보인다. 회심자는 전형적으로 농어촌에 거주하는 아주 가난하고 무식하며 건강 문제가 있는, 나이든 기혼 여성이다.[33] 이 관찰은 단순 묘사를 넘어 많은 의미를 담고 있다. 학자들의 해석은 개신교, 특히 오순절 부류의 개신교에 매력을 느끼는 사람들은 주로 "이 땅에서 저주받은 자들"[34]이라는 것이다. 나는 이 학자들이 아주 명망 있는 학자들이라는 점을 강조하고자 한다.

안타깝게도 이런 일반화는 여론조사 데이터나 남미의 개신교 모임을 개인적으로 관찰한 내용에 근거한 것이 아니라, 고정관념인 경우가 많은 듯하다. 종교 운동은 '누구나' 알다시피 항상 "자기 삶의 물적 조건을 개선하기 위한 빈자의 갈망과 … 새로운 낙원의 환상이 융합되어"[35] 일어난 "빈자의 종교 반란"[36]이다. 또한 '누구나' 알다시피 어떤 사회 운동에 참여하는 일도 이상주의나 신앙이 아닌 물적 요인에 기인한다. 마르크스의 설명대로 사람들이 종교적 동기로 행동한다고 말하는 것은 '현실'을 '비현실'의 차원으로 설명하려는 시도이며, 물론 '관념론적 사기극'이다.

설령 물적 빈곤이 남미 개신교의 부흥 이유라고 학자들이 그저 지레짐작한 게 아니라, 실제로 예배 출석자를 관찰한 내용에 근거했다고 하더라도 빗나간 결론에 도달할 수 있다. 인구 구성비를 충분히 반영한다면 남미의 '어떤' 그룹을 논해도 가난하고 무식한 사람들이 상당 비중을 차지한다는 걸 유념해야 한다. 오순절파 예배가 이런 유의 사람들로 가득 찬 것을 관찰했다면, 이는 오순절파가 유독 부자에게만 매력 있게 다가가는 것은 아니라는 점 외에는 딱히 시사하는 바가 없다.

오순절 교파로 개종한 남미인에 관한 일반화가 유효하려면 신뢰할 만한 여론조사가 필요하다. 그런데 '갤럽 세계여론조사'를 통해 제공된 자료는 일체의 물질적 궁핍설이 거짓임을 보여준다.[37] 가난한 사람들만 입교하는 게 아니라, 모든 소득층의 입교

확률이 동일하다. 남자가 개신교도가 될 확률은 여자와 거의 비슷하며 미혼자와 기혼자 간에도 차이가 없다. 젊은이는 50세 이상보다 개종할 확률이 약간 높다. 건강 문제가 있는 사람이 개신교가 될 가능성이 더 크지 않으며, 농어촌과 도시 거주자의 개종 확률은 동일하다. 이러한데 궁핍론에 대해 무슨 말을 더 하겠는가. 해방신학에 대해서도 더 할 말이 없긴 마찬가지다. 남미의 개신교 성장은 종교적 매력에 근거한 것이며, 최고의 증거는 개신교의 도전에 대한 가톨릭의 성공적인 2차 대응에서 찾을 수 있다.

가톨릭 은사주의

1967년 피츠버그의 듀케인 대학교에서 시작된 폭발적 '성령세례'[38]를 기점으로 '가톨릭 성령쇄신운동'CCR이 일어났고, 1970년대 초 미국 사제들은 이를 남부로 전파했다. "이들이 초창기에 자신을 오순절파 가톨릭으로 불렀다"[39]는 사실은 시사하는 바가 크다. 동정녀 마리아 강조 등 가톨릭 특유의 몇몇 요소를 제외한다면, 개신교 은사파와 가톨릭 은사파는 구별하기 쉽지 않다. 둘 다 생동감 넘치고 감정적으로 충만한 예배를 드리며 성직자와 교인 모두 예배 중에 방언을 많이 한다. 둘 다 신유를 강조한다.

가톨릭 성령쇄신운동CCR은 바티칸에 본부를 둔 국제운동으로 발전했으며, 지금은 남미 가톨릭 헌신운동에서 든든한 허리 역할을 하고 있다. CCR 회원수에 관한 신뢰할 만한 국가별 통계는 없지만, 최소 3천만 명의 교인이 남미에 있다고 추정한다. 여하튼 남미의 종교 생활에 CCR이 미친 영향은 엄청났다. 개신교 오순절파가 대규모 부흥 집회로 축구장을 가득 채운 것처럼 CCR 부흥회도 똑같이 축구장을 채운다. 수만 개의 CCR 주간 기도회 모임이 뿌리를 내렸고, 이는 '토대 공동체'와는 대조적으로 대중의 열렬한 헌신을 이끌어냈다. 이 성취의 비결은 교회가 물적 궁핍을 해소하기 위한 교회 조직화 방안을 설교했기 때문이 아니었다. 그 비결은 교회가 성령의 임재를 부르는 설교를 함으로써 종교적 동기를 활성화했기 때문이었다.

가톨릭 쇄신의 원인은 다원주의?

비록 국가별 CCR 교인수에 대한 신뢰할 만한 통계는 없지만, CCR의 활성화 효과를 간접적으로 보여주는 다른 통계들이 있다. 1960년에 남미 전역의 가톨릭 신학교 입학생 수는 4,093명에 불과했다. 2015년에는 이 수치가 21,520명으로 급등했다.[40] 〈표 8.2〉는 각 남미 국가별로 "지난 7일간 예배당이나 종교 예배에 출석한 적이 있습니까?"라는 질문에 '그렇다'라고 응답한 가톨릭 신자의 비율을 보여준다. 여기서도 미사 출석률에 위와 유사한 엄청난 증가가 있었음을 알 수 있다.

나라	지난 7일간 참여한 사람의 비율
과테말라	71
콜롬비아	68
엘살바도르	67
온두라스	65
에콰도르	62
코스타리카	62
멕시코	60
파라과이	59
볼리비아	58
니카라과	58
파나마	57
도미니카 공화국	53
페루	52
브라질	47
베네수엘라	42
칠레	34
아르헨티나	31
우루과이	20

〈표 8.2〉 **현대 남미의 가톨릭 미사 참여율(퍼센트)**
_출처: 갤럽 세계여론조사

　　오늘날 대부분 남미 지역에서 가톨릭 신도는 참으로 놀랄 만한 교회 참여율을 보인다. 위 나라 중 7개국에서는 주별 출석률이 60퍼센트 이상이며 과테말라는 71퍼센트이다. 미사 출석률이 52퍼센트가 넘는 나라는 6개다. 단 31퍼센트의 가톨릭 신도가 매주 미사에 출석한다고 응답한 스페인과 비교해보라. 아르헨티나와 칠레의 출석률은 대략 스페인과 같으며 우루과이만 수십 년 전 남

미의 전형이라고 여겨졌던 낮은 출석률(20퍼센트)을 보인다(우루
과이는 여러 다른 면에서도 일탈 사례다).

〈표 8.3〉은 각 나라에서 "종교가 당신의 일상의 중요한 부분입
니까?"라는 질문에 '그렇다'라고 응답한 가톨릭 신도의 비율을 보
여준다. 남미 가톨릭 신도의 주관적 종교성의 수준은 그들의 교회
출석률만큼이나 경이롭다. 53퍼센트로 최하위권에 있는 우루과이
조차 스페인(44퍼센트)보다 높은 수준이다.

나라	퍼센트
파라과이	92
온두라스	91
파나마	90
엘살바도르	89
브라질	89
볼리비아	88
콜롬비아	88
코스타리카	88
도미니카 공화국	88
과테말라	88
니카라과	85
페루	85
에콰도르	83
베네수엘라	75
칠레	74
멕시코	71
아르헨티나	67
우루과이	53

〈표 8.3〉 **종교가 일상의 중요한 부분이라고 응답한 남미 가톨릭 신자**
_출처: 갤럽 세계여론조사.

물론 남미 가톨릭교회가 대응에 실패하여 그냥 사그라졌다면 결과가 달라졌겠지만, 위의 결과는 정확히 다원주의의 효과다. 그러니까, 개신교가 더 큰 성공을 거두어 더 큰 다원주의를 창출한 곳일수록 가톨릭 미사 출석률이 더 높았다.

개신교와 가톨릭의 출석 백분율 간에는 매우 높은 긍정적 상관관계가 있다(r=.451는 .05 수준을 넘어서므로 유의미하다).[41] 개신교가 더 큰 성공을 거둘수록 가톨릭의 대응은 더 열정적이었다. 다원주의가 가톨릭 교세를 강화했다는 주장의 두 번째 시험대는 개신교가 더 성공을 거둔 지역일수록 가톨릭 신도의 주관적 종교성 역시 더 높아야 한다는 것이다. 그리고 실제로 그랬다(r=.487).

가톨릭교회는 남미에서 경이로운 대각성을 경험했다. "남미는 가톨릭 대륙"이라는 거짓 주장과 저조한 헌신이라는 현실에 주교들이 주저앉아 있던 때도 있었다. 그러던 남미 가톨릭교회가 이젠 일요일마다 충성된 교인들로 예배당이 가득 차며 다수가 주중의 은사주의 모임에 활발하게 참여한다. 그리고 이 놀라운 변화의 원천은 치열한 개신교 신앙이 급성장하며 조성된 경쟁적인 다원주의 환경이었다. 사회학 정설과는 대조적으로 다원주의는 더 활동적이고 효과적인 교회를 창출했다.

가톨릭교회가 남미에서 흥왕한다는 사실은 부분적으로는 마르틴 루터에게서 온 선물이라고 할 수 있겠다.

결론
|

편견과 아집

4장에서 명백하게 드러났듯이 '개신교 윤리와 자본주의 발흥'이라는 신화는 출간된 지 수년 안에 확실한 증거로 반박되었고, 또 그 후로도 거듭거듭 반박되었다. 그러나 이 신화는 죽지 않을 것이다. 이 신화는 사회학개론 교재들 속에서, 즉 완전히 초토화된 베버의 과거 연구를 20세기의 네 번째로 중요한 사회학 명저로 선정한 대다수 사회학자를 통해 계속 명맥을 유지할 것이다. 왜 그럴까? 왜 이리 많은 학자가 가톨릭이 과학을 반대했고 과학 '혁명'이 개신교에서 잉태되었다는 어불성설을 계속 되풀이하는 걸까? 그 답은 단순한 만큼 암울하다. 영어권 세계는 아직도 종교개혁으로 초래된 종교전쟁 기간에 싹튼 쓰디쓴 반가톨릭주의에 사로잡혀 있기 때문이다. 가톨릭에 대한 편견은 개신교의 미덕을 공인하는 역할을 한다. 피터 비어렉이 '가톨릭 조롱하기'를 "지식인의 반유대주의"라고 했던 때로부터 변한 것은 거의 없다.[1]

몬트리올과 뉴욕시에서 시위자들이 고성으로 욕을 하고 콘돔을 던지고 생리대를 휘두르며 미사를 방해하는 사건이 일어났다. 만일 이 사건이 유대 회당이나 이슬람 사원, 아니, 침례교회에서 일어났다면 어땠을까. 온 나라가 들고 일어나 이를 '증오 범죄'로 규탄하며 분노하지 않았을까. 그러나 미국과 캐나다 언론은 종종 이런 사건들을 축소하거나 외면한다. 영국이나 북미 지식인 중 이런 일에 공개적으로 지지 의사를 표명할 이들은 없을 것이다. 하지만 그들 대부분은 교황 비오 12세를 홀로코스트 공범으로 그린 연극, 〈더 데퓨티〉The Deputy를 예찬하는 뉴욕의 드라마 평론가나 지식인에 동조한다. 이스라엘의 두 총리를 비롯한 각계 명망가들로 구성된 유대인 단체가 교황 비오가 2차 세계대전 중 유대인을 구하기 위해 벌인 여러 효과적인 활동을 소개한 일도 있었지만, 학자들은 계속 "더 데퓨티"와 같은 책을 호평한다.

이런 행태에 자극을 받아 나의 동료 필립 젠킨스가《새로운 반가톨릭주의: 최후의 용인된 편견》The New Anti-Catholicism: The Last Acceptable Prejudice, 2003을 집필했다(그는 베일러대학교의 석좌교수지만, 영국인이며 영국 국교회 교인이다). 나는 지난해 학계의 반유대주의를 다루기 위해《거짓 증인들: 수 세기의 반유대주의 역사 뒤집기》Bearing False Witness: Debunking Centuries of Anti-Catholic History를 출간했다. 이에 대하여 필자가 어릴 적부터 루터교인이었음을 알지 못하는 듯한 몇몇 학자들이 필자를 반개신교적이라고 비난했다. 더 나쁜 건 젠킨스와 필자의 책과 같은 저서들이 있음에도, 영어권 지식인 가운데 반가톨릭주의가 계속 극성을 부릴 것이란 점이다. 그들 중 많은 이들이 여전히 중세를 배움과 이성을 반대하는 가톨릭이 강제한 전면적 퇴행의 '암흑기'로 그린다. 그러나 제대로 된 역사가들은 모두 오래전에 '암흑기'를 개신교의 영감으로 빚어진 헛소리로 일축했다.

그러나 우린 계속 나아가야 한다. 내가 어린 시절에는 전직 수녀였다고 주장하는 여자들이 미국 개신교 교회를 다니며 수녀원에서 수녀와 남자 고해자 사이에 벌어지는 성적 일탈에 대해 떠벌리며 강연료를 챙겼다. 지금은 아무도 그 이야기를 믿지 않는다. 어쩌면 다른 세대에서는 '개신교 윤리' 논제 역시 폐기될지도 모른다.

여하튼 모든 신화와 헛소리에도 불구하고 나는 종교개혁이 기독교에 유익했음을 의심하지 않는다. 다원주의야말로 기독교를 세계에서 가장 빠르게 성장하는 종교로 만든 일등공신이다.

주

들어가며: 신화인가, 진실인가

1   관련 여론조사는 참조. Marshall, 2009.

2   Payton, 2010:224.

3   루터교 방문 조사자들에게 내린 지시사항은 다음 인용. Strauss, 1978:252.

4   McGrath, 2007:7.

1장. 종교개혁으로 신앙 부흥이 일어났다는 신화

1   Walzer, 1965:4.

2   Murray, 1972: 92.

3   Coulton, 1938:189－90.

4   Farmer, 1991:336; Hay, 1977:64.

5   Niebuhr, 1929.

6   Cohn, 1961.

7   Quoted in Strauss, 1975:33.

8   Quoted in Hendrix, 2000:562.

9   Strauss, 1975:49.

10   Strauss, 1975:49.

11 Strauss, 1975:49.

12 Strauss, 1978:278.

13 Strauss, 1978:278 - 9.

14 Strauss, 1978:283.

15 Strauss, 1978:284.

16 Strauss, 1978:273.

17 Strauss, 1975:56 - 7.

18 Strauss, 1978:284.

19 Strauss, 1975:59.

20 Strauss, 1975:51.

21 Parker, 1992:45 - 6.

22 인용. Field, 2008:214.

23 둘 다 인용. Thomas, 1971:164.

24 Thomas, 1971:165.

25 Thomas, 1971:164.

26 Coulton, 1938:157.

27 Thomas, 1971:163.

28 인용. Thomas, 1971:163.

29 Obelkevich, 1976:279.

30 Strauss, 1978:211.

31 Dixon, 2012:116.

32 Dixon, 2012; Monod, 1999.

33 MacCulloch, 2004:324.

34 Chadwick, 1972; Duffy, 1992; Durant, 1957; Latourette, 1975; Ozment, 1975; Roberts, 1968; Tracy, 1999.

35 Chadwick, 1972:26.

36 Durant, 1957:639.

37 Bush, 1967; Hill, 1967.

38 Stark, 2004b: ch. 4.

39 Wuthnow, 1989:90.

40   Johnson, 1976:267; Woodward, 1974:19.

41   인플레이션 계산 출처. 'Dissolution of the Monasteries', Wikipedia.

42   Woodward, 1974:19.

43   Latourette, 1975:735.

44   Latourette, 1975:737.

45   Ozment, 1975.

46   Moeller, 1972; Ozment, 1975; Tracy, 1999.

47   Stark, 2004b:111.

48   'Relations between the Catholic Church and the state', Wikipedia.

49   Rubin, 2016.

50   Sorensen, 2016:94.

51   *City of God*, book 4, ch. 4.

52   Deane, 1973:423.

53   발췌. O'Donovan and O'Donovan, 1999:492.

54   *On Kingship*, book 1, ch. 6.

55   Hunter, 1965:16.

56   Sorensen, 2016:94.

57   Ekman, 1957.

2장. 종교개혁의 불운한 결과들

1   Quoted in Grell, 1996:4.

2   Grell, 1996:5.

3   예를 들어 다음을 보라. Grell, 1995; Grell and Scribner, 1996; Heal and Grell, 2008; Hunter, 1965.

4   Zagorin, 2003:76.

5   Quoted in Zagorin, 2003:77.

6   Nelsen and Guth, 2015:69.

7   Baron, 1972:340.

8   Alwall, 2000:149.

9   Upton, 1990:100.

10 Jessup, 2010:170.

11 Pettersson, 1988.

12 Nelsen and Guth, 2015:99.

13 Ottosen, 1986:54.

14 Nelsen and Guth, 2015:99.

15 자료 출처. Viola, 2015.

16 Gee and Hardy, 1896:458 – 67.

17 Field, 2008.

18 In Field, 2008:219.

19 In Field, 2008:217.

20 In Field, 2008:221.

21 In Field, 2008:220.

22 Nelsen and Guth, 2015:91.

23 Smith, [1776] 1981:789.

24 Duffy, 1987:88; Picton, 2015.

25 Alvarez, 2003.

26 Asberg, 1990:16 – 18.

27 Lodberg, 1989:7.

28 'Empty pews not the end of the world, says Church of England's newest bishop', *Daily Telegraph*, 9 June 2015.

29 North and Gwin, 2004.

30 Stark, 2016.

31 Stark, 2016: ch. 1.

32 Chazan, 1986:29.

33 Gritsch, 2012:xi.

34 Siemon–Netto, 1995.

35 Glock and Stark, 1966.

36 Shirer, 1960:236.

37 나는 이 글들을 Fortress Press에서 출판한《루터 전집》*Luther's Works* 55권에
   서 발췌했다. Liberty Bell Publications에서 재인쇄한 출처 불명의 *The Jews
   and Their Lies*가 아마존에 있긴 하지만, 부족한 점이 많고 졸역인 듯하다.

38 Bainton, 1978; Brecht, 1985-93.

39 Kittleson, 1986:274.

40 Steigmann-Gall, 2003.

41 'Martin Luther and Anti-Semitism', Wikipedia.

42 Probst, 2012:30.

43 Probst, 2012:59.

44 'Martin Luther and Anti-Semitism', Wikipedia.

45 MacCulloch, 2004:666.

46 Probst, 2012:129.

47 Steigmann-Gall, 2000.

3장. 민족주의, 역사에 꽂은 비수

1 Jones, 1987:106.

2 Stark, 2004b:56.

3 DeVries, 2010.

4 Bachrach and Bachrach, 2016:3.

5 Delbrück, 1982:327.

6 Oman, [1924] 1960:52.

7 Greengrass, 2014:xxvii.

8 Quoted in Michaud, 1855:51.

9 Porges, 1946:4.

10 De La Croix and Tansey, 1975:353.

11 Haskins, [1923] 2002:3.

12 Janin, 2008:73.

13 Nelsen and Guth, 2015:101.

14 Hayes, [1960] 2016:34.

15 Greengrass, 2014:xxvii.

16 Ozment, 1980:199.

17 Lindberg, 2010:35.

18 Sorensen, 2016:95.

19 Monter and Tedeschi, 1986.

20 Schulze, 1996:129.

21 Hutchinson and Smith, 1994:4; Hechter, 2000:5.

22 Schulze, 1996:121.

23 민족주의에 대한 냉철하고 전형적인 평가는 참조. Himmelfarb, 1993.

24 'Conscription', Wikipedia.

25 'Conscription', Wikipedia.

26 민족주의가 실제로 전쟁을 초래한다는 연구에 관해 참조. Schrock‐
    Jacobson, 2012.

27 Schulze, 1996:267.

28 Jünger, [1920] 1961:5.

29 Schulze, 1996:267.

30 Kistner, 1976:63.

4장. '개신교 윤리'라는 신화

1   Weber, [1904‐5] 1992:39‐40.

2   Weber, [1904‐5] 1992:39.

3   Weber, [1904‐5] 1992:65.

4   Weber, [1904‐5] 1992:66.

5   Weber, [1904‐5] 1992:67.

6   Weber, [1904‐5] 1992:68.

7   Weber, [1904‐5] 1992:71.

8   Weber, [1904‐5] 1992:74.

9   Weber, [1904‐5] 1992:104.

10 Weber, [1904‐5] 1992:104.

11 Weber, [1904‐5] 1992:116.

12 Ali, 1988; Eisenstadt, 1968; McClelland, 1961; Morishima, 1990; So, 1990.

13 Bellah, [1958] 2008.

14 Samuelsson, [1961] 1993:15.

15 인용. Delacroix, 1995:126.

16 Trevor-Roper, [1969] 2001:20−1.

17 Braudel, 1977:66−7.

18 Delacroix and Nielsen, 2001:545.

19 Sanderson, Abrutyn and Proctor, 2011.

20 Cantoni, 2015.

21 1 Timothy 6.10, rsv.

22 Little, 1978:38.

23 Collins, 1986:47.

24 Collins, 1986:55.

25 Collins, 1986:52.

26 Hayes, 1917; Herlihy, 1957; Ozment, 1975.

27 Dickens, 1991.

28 Little, 1978:62.

29 Johnson, 2003:144.

30 Gimpel, 1976:47.

31 Gilchrist, 1969; Russell, 1958, 1972.

32 Little, 1978:93.

33 Dawson, 1957:63.

34 Duby, 1974:218.

35 Little, 1978:65.

36 Little, 1978:65.

37 Fryde, 1963:441−3.

38 de Roover, 1946:9.

39 Duby, 1974:216.

40 Duby, 1974:91.

41 Duby, 1974:91.

42 Gimpel, 1976:47.

43 Dawson, 1957; Hickey, 1987; King, 1999; Mayr-Harting, 1993; Stark, 2003b.

44 Collins, 1986:54.

45 Chapter 48, The Daily Manual Labor.

46 Hilton, 1985:3.

47 Friedrich Prinz, as translated by Kaelber, 1998:66.

48 In Nelson, 1969:11; also Little, 1978:56 - 7.

49 Gilchrist, 1969:107.

50 Nelson, 1969:9.

51 Olsen, 1969:53.

52 In his *Commentary on the Sentences of Peter Lombard*, 인용 de Roover, 1958:422.

53 나는 Monroe, 1975에서 제공한 아퀴나스의 《신학대전》 *Summa Theologica* 의 역본들을 참조하였다.

54 Little, 1978:181.

55 Gilchrist, 1969; Little, 1978; Raftus, 1958.

56 Gilchrist, 1969:67.

57 Hunt and Murray, 1999:73.

58 Dempsey, 1943:155, 160.

59 de Roover, 1946:154.

60 Little, 1978:181.

61 Southern, 1970b:40.

62 요약은 참조. Stark 2003a.

63 Lopez, 1952:289; 1976.

64 Gies and Gies, 1969.

65 de Roover, 1963:75 - 6.

66 de Roover, 1963; Hunt, 1994; Lloyd, 1982.

5장. 개신교는 실제로 과학 혁명을 일으켰나

1 "모든 물체는 힘을 가하여 그 상태에 변화를 강제하지 않는 한 정지 상태나 직진 이동 상태를 유지한다." Newton, [1687] 1971:13.

2 Shapin, 1996:1.

3 Merton, 1938:439.

4 Merton, 1938:440.

5 Merton, 1938:479.

6 Kearney, 1964: especially 95.

7 Kearney, 1964; Rabb, 1965.

8 Stark, 2016에서 보고한 명단과 데이터에 약간의 수정을 하였다.

9 Vieta는 위그노파라는 혐의를 받았는데, 그가 프랑스 개신교도의 권익을 옹호했기 때문이었다. 그러나 그는 초지일관 가톨릭 신도였고 공공연하게 자신의 신앙을 표명하기도 했다. 참조. 'François Viète', Wikipedia.

10 Garret, 2011:4.

11 Hillerbrand, 2003: 'Huguenots'.

12 Merton, 1984:1108.

13 Merton, 1984:1109.

14 Whitehead, [1925] 1967:13.

15 Whitehead, [1925] 1967:12.

16 *Oeuvres*, book 8, ch. 61.

17 In Crosby, 1997:83.

18 Whitehead, [1925] 1967:13.

19 Needham, 1954:581.

20 Lindberg, 1992:54.

21 Jaki, 1986:105.

22 이에 관해 내가 상술한 글은 Stark, 2004b: ch. 2.

23 In Bradley, 2001:160.

24 In Merton, 1938:447.

25 Kocher, 1953:4.

26 Gascoigne, 1990.

27 Westfall, 1971:105.

28 Gribbin, 2005:125.

29 Kearney, 1964:94.

30 Grant, 1984:68.

31 Stark, 2014.

32 Rashdall, [1936] 1977:III:408.

33 Kearney, 1964:100.

34 Stone, 1964.

35 Stone, 1972:75.

36 McCloskey, 2010:403.

37 Mason, 1950.

38 Landes, 1994:649.

6장. 종교개혁과 서구 개인주의

1 Marty, 1993:53.

2 Wilson, 2008:344.

3 Sorensen, 2016:93.

4 Weber, [1904 - 5] 1992:122.

5 Weber, [1904 - 5] 1992:115.

6 Maritain, 1950:14.

7 Maritain, 1950:14 - 25.

8 Lukes, 1971:48.

9 Bellah et al., [1985] 1996:xliv.

10 Beirne, 1993.

11 Guerry, [1833] 2002:14.

12 Morselli, 1879:125 - 6.

13 Durkheim, [1897] 1951:154.

14 Johnson, 1965.

15 Durkheim, [1897] 1951:157 - 9.

16   Merton, 1967.

17   Pope, 1976; Pope and Danigelis, 1981; Stark and Bainbridge, 1996; Stark, Doyle and Rushing, 1983.

18   Durkheim, [1897] 1951:165.

19   Durkheim, [1897] 1951:160－1.

20   Currie et al., 1977.

21   Durkheim, [1897] 1951:161.

22   재인용. Macfarlane, 1978b:37.

23   Macfarlane, 1978a:255－6.

24   재인용. Macfarlane, 1978b:50.

25   Bendix, 1966:70－1.

26   Macfarlane, 1978b:50.

7장. 교회는 세속화로 침체될 것인가

1   Taylor, 2007:2, 26.

2   Manchester, 1993:20.

3   Headley, 1987:21.

4   R. W. Scribner, MS quoted in Headley, 1987:28.

5   Taylor, 2007:3.

6   Walsham, 2008:528.

7   Sorensen, 2016:94.

8   Gregory, 2012:21.

9   Berger, 1969:133－4.

10   Berger, 1968.

11   Thomas, 1971:161－2.

12   Geertz, 1966.

13   Thomas, 1971:166.

14   Thomas, 1971:173.

15   Stark, 2015.

16   Smith, 1998:106.

17 Neitz, 1987:257 − 8.

18 Davidman, 1991:204.

19 Finke and Stark, 1992; Stark, 2008.

20 Grund in Powell (ed.), 1967:77,80.

21 Finke and Stark, 1992.

22 Iannaccone, 1991.

23 Austria, Belgium, Denmark, Finland, France, Great Britain, Germany (West), Ireland, Italy, Netherlands, Norway, Spain, Sweden, Switzerland.

24 Stark, 1992, 1998.

25   Stark, 1992, 1998.

26 Hamberg and Pettersson, 1994, 1997; Pettersson and Hamberg, 1997.

27 Woolston, 1735.

28 Quoted in Redman, 1949:26.

29 Stark, 2015:50.

30 Tomasson, 1980.

31 Davie, 1994.

32 성공적인 요약은 참조. Clark, 2012.

33 Loane, [1906] 2012:26. 이 글은 Williams, 1999:1에서 발견했다.

34 Williams, 1999:2 − 3.

35 Berger, Davie and Fokas, 2008:16.

36 Schmied, 1996.

37 Beckford, 1985:286.

38 Lodberg, 1989.

39 Selthoffer, 1997.

40 Grim and Finke, 2006.

41 Eberstadt and Shah, 2012.

42 Frejka and Westoff, 2008.

8장. 개신교와 가톨릭, 상호 경쟁으로 성장하다

1 Stark, 1998.

234

2   Zimdars-Swartz, 1991.

3   Smith, [1776] 1981:789.

4   Encarnatión, 2013.

5   Stark, 1992.

6   Robinson, 1923.

7   Chesnut, 2003b:61; Gill, 1998:68; Martin, 1990:57－8.

8   Gill, 1998:86.

9   Chesnut, 1997, 2003a, 2003b; Gill, 1998; Freston, 2008; Martin, 1990; Stoll, 1990.

10 *Miami Herald*, 16 October 1992.

11 Chesnut, 2003a:22.

12 Mecham, [1934] 1966:38.

13 Klaiber, 1970; Montgomery, 1979.

14 Gill, 1998.

15 Nuñez and Taylor, 1989.

16 Gill, 1998:82.

17 Stark and Finke, 2000:153, Table 8.

18 Siewert and Valdez, 1997.

19 Welliver and Northcutt, 2004:32.

20 Stoll, 1990:6.

21 세계여론조사 기구는 2007년 이전에는 갤럽 개신교와 가톨릭 교인을 구별하지 않고 '기독교인'으로 통합 분류했다.

22 Barrett, Kurian and Johnson, 2001.

23 Jenkins, 2002:64; Martin, 1990, 143.

24 Jenkins, 2002:64.

25 Cox, 1995:168.

26 Drogus, 1995:465.

27 Rubenstein, 1985－6:162.

28 Gill, 1998.

29 Gooren, 2002.

30   Burdick, 1993; Hewitt, 1991; Mariz, 1994.

31   Cavendish, 1994; Hewitt, 1991.

32   Gooren, 2002:30.

33   Brusco, 1993, 1995; Burdick, 1993; Chesnut, 2003a,b, 1997; Cox, 1995; Gill, 1998; Martin, 1990, 2002; Stoll, 1993, 1990.

34   Martin, 2002:3.

35   Cohn, 1961:xiii.

36   Niebuhr, 1929:19.

37   결과에 대한 상세한 보고는 Stark and Smith, 2010.

38   Laurentin, 1977; Mansfield, 1992.

39   Chesnut, 2003a:61.

40   *Catholic Almanac*, 1961, 2016.

41   본 연구에서 보고한 모든 상관관계에서 돌출적 사례로 인한 결과 왜곡을 방지하고자 산포도 검토와 통계 검사를 실시했다.

결론: 편견과 아집

1   Viereck, 1953:45.

참고문헌

- Ali, Abba. 1988. 'Scaling an Islamic Work Ethic'. *Journal of Social Psychology* 128:575–83.
- Alvarez, Lizette. 2003. 'Tarback Journal: Fury, God, and the Pastor's Disbelief'. *New York Times*, World Section, 8 July.
- Alwall, Jonas. 2000. 'Religious Liberty in Sweden: An Overview'. *Journal of Church and State* 42:147–71.
- Asberg, Christer. 1990. 'The Swedish Bible Commission and Project NT 81'. In Gunnar Hanson (ed.), *Bible Reading in Sweden*, 15–22. Uppsala: University of Uppsala Press.
- Bachrach, Bernard S. and David S. Bachrach. 2016. *Warfare in Medieval Europe c.400–1453*. New York: Routledge.
- Bainton, Roland. 1978. *Here I Stand: A Life of Martin Luther*. Nashville, TN: Abingdon Press. (《마르틴 루터》, 생명의말씀사, 2016).
- Baron, Salo Wittmayer. 1972. *Ancient and Medieval Jewish History*. New Brunswick, NJ: Rutgers University Press.
- Barrett, David B., George T. Kurian and Todd M. Johnson. 2001. *World Christian Encyclopedia*, 2nd edn. Oxford: Oxford University Press.
- Beckford, James A. 1985. *Cult Controversies: The Societal Response to New Religions*. London: Tavistock Publications.

- Beirne, Piers. 1993. *Inventing Criminology*. Albany, NY: State University of New York Press.
- Bellah, Robert N. [1958] 2008. *Tokugawa Religion*. New York: Simon & Schuster.
- Bellah, Robert N., Richard Madsen, William M. Sullivan, Ann Swidler and Steven M. Tipton. [1985] 1996. *Habits of the Heart*. Berkeley, CA: University of California Press. (《미국인의 사고와 관습》, 나남출판, 2001).
- Bendix, Reinhard. 1966. *Max Weber: An Intellectual Portrait*. New York: Doubleday.
- Berger, Peter. 1968. 'A Bleak Outlook Seen for Religion'. *New York Times*, 25 April, 3.
- Berger, Peter. 1969. *The Sacred Canopy*. New York: Doubleday Anchor Books.
- Berger, Peter. 2014. *The Many Altars of Modernity: Toward a Paradigm for Religion in a Pluralist Age*. Boston, MA: Walter de Gruyter.
- Berger, Peter, Grace Davie and Effie Fokas. 2008. *Religious America, Secular Europe?*, Burlington, VT: Ashgate.
- Bradley, Walter I. 2001. 'The "Just So" Universe: The Fine-Tuning of Constants and Conditions in the Cosmos'. In William A. Demski and James M. Kushiner (eds), *Signs of Intelligence: Understanding Intelligent Design*, 157–70. Grand Rapids, MI: Brazos Press.
- Braudel, Fernand. 1977. *Afterthoughts on Material Civilization and Capitalism*. Baltimore, MD: Johns Hopkins University Press.
- Brecht, Martin. 1985–93. *Martin Luther*, 3 vols. Minneapolis, MN: Fortress Press.
- Brusco, Elizabeth. 1993. 'The Reformation of Machismo'. In Virginia Garrard-Burnett and David Stoll (eds), *Rethinking Protestantism in Latin America*, 143–58. Philadelphia, PA: Temple University Press.
- Brusco, Elizabeth. 1995. *The Reformation of Machismo: Evangelical Conversion and Gender in Columbia*. Austin, TX: University of Texas Press.
- Burdick, John. 1993. *Looking for God in Brazil*. Berkeley, CA: University of California Press.
- Bush, M. L. 1967. *Renaissance, Reformation, and the Outer World, 1450–1660*. London: Blandford.
- Calleo, David P. 2003. *Rethinking Europe's Future*. Princeton, NJ: Princeton University Press.

- Cantoni, Davide. 2015. 'The Economic Effects of the Protestant Reformation: Testing the Weber Hypothesis in the German Lands'. *Journal of the European Economic Association* 13:561–98.
- Cavendish, James C. 1994. 'Christian Base Communities and the Building of Democracy: Brazil and Chile'. *Sociology of Religion* 55:179–95.
- Chadwick, Owen. 1972. *The Reformation*, rev. edn. London: Penguin. (《종교개혁사》, CH북스, 1999).
- Chazan, Robert. 1986. *European Jewry and the First Crusade*. Berkeley, CA: University of California Press.
- Chesnut, R. Andrew. 1997. *Born Again in Brazil*. New Brunswick, NJ: Rutgers University Press.
- Chesnut, R. Andrew. 2003a. *Competitive Spirits: Latin America's New Religious Economy*. Oxford: Oxford University Press.
- Chesnut, R. Andrew. 2003b. 'A Preferential Option for the Spirit: The Catholic Charismatic Renewal in Latin America's New Religious Economy'. *Latin American Politics and Society* 45:55–85.
- Clark, J. C. D. 2012. 'Secularization and Modernization: The Failure of the "Grand Narrative"'. *Historical Journal* 55:161–94.
- Cohn, Norman. 1961. *The Pursuit of the Millennium*, 2nd edn. New York: Harper Torchbooks.
- Collins, Randall. 1986. *Weberian Sociological Theory*. Cambridge: Cambridge University Press.
- Coulton, G. G. 1938. *Medieval Panorama*. New York: Macmillan. Cox, Harvey. 1995. *Fire from Heaven: The Rise of Pentecostal Spirituality and the Reshaping of Religion in the Twenty-First Century*. Cambridge, MA: Da Capo Press.
- Crosby, Alfred W. 1997. *The Measure of Reality*. Cambridge: Cambridge University Press. (《수량화 혁명》, 심산, 2005).
- Currie, Robert, Alan Gilbert and Lee Horsley. 1977. *Churches and Churchgoers*. Oxford: Oxford University Press.
- Davidman, Lynn. 1991. *Tradition in a Rootless World: Women Turn to Orthodox Judaism*. Berkeley, CA: University of California Press.
- Davie, Grace. 1994. *Religion in Britain since 1945: Believing without Belonging*. Oxford: Blackwell.

- Dawson, J. M. 1957. *Separate Church & State Now*. New York: R. R. Smith.
- Deane, Herbert A. 1973. 'Classical and Christian Political Thought'. *Political Theory* 1:415–26.
- De La Croix, Horst and Richard G. Tansey. 1975. *Gardiner's Art through the Ages*, 6th edn. New York: Harcourt Brace Jovanovich.
- Delacroix, Jacques. 1995. 'Review of "Religion and Economic Action" by Kurt Samuelsson'. *Journal for the Scientific Study of Religion* 34:126–7.
- Delacroix, Jacques and François Nielsen. 2001. 'The Beloved Myth: Protestantism and the Rise of Industrial Capitalism in Nineteenth Century Europe'. *Social Forces* 80:509–53.
- Delbrück, Hans. 1982. *History of the Art of War*, vol. 3: *The Middle Ages*. Lincoln, NE: University of Nebraska Press.
- Dempsey, Bernard W. 1943. *Interest and Usury*. Washington, DC: American Council on Public Affairs.
- de Roover, Raymond. 1946. 'The Medici Bank Financial and Commercial Operations'. *Journal of Economic History* 6:153–72.
- de Roover, Raymond. 1958. 'The Concept of the Just Price'. *Journal of Economic History* 18:418–34.
- de Roover, Raymond. 1963. 'The Organization of Trade'. In M. M. Postan, E. E. Rich and Edward Miller (eds), *The Cambridge Economic History of Europe*, vol. 3, 42–118. Cambridge: Cambridge University Press.
- DeVries, Kelly, ed. 2010. *Medieval Warfare 1300–1500*. New York: Routledge.
- Dickens, A. G. 1991. *The English Reformation*. University Park, PA: Pennsylvania State University Press.
- Dixon, C. Scott. 2012. *Contesting the Reformation*. Oxford: Wiley-Blackwell.
- Drogus, Carol Ann. 1995. 'Review: The Rise and Decline of Liberation Theology: Churches, Faith, and Political Change in Latin America'. *Comparative Politics* 27:465–77.
- Duby, Georges. 1974. *The Chivalrous Society*. Berkeley, CA: University of California Press.
- Duffy, Eamon. 1987. 'The Late Middle Ages: Vitality or Decline?' In Henry Chadwick and G. R. Evans (eds), *Atlas of the Christian Church*, 86–95. New York: Facts on File.

- Duffy, Eamon. 1992. *Stripping the Altars*. New Haven, CT: Yale University Press.
- Durant, Will. 1957. *The Reformation*. New York: Simon & Schuster.
- Durkheim, Émile. [1897] 1951. *Suicide*. Glencoe, IL: The Free Press. (《자살론》, 청아출판사, 2008).
- Eberstadt, Nicholas and Apoorva Shah. 2012. 'Fertility Decline in the Muslim World'. *Policy Review* 173 (1 June).
- Eidberg, Peder A. 1995. 'Norwegian Free Churches and Religious Liberty: A History'. *Journal of Church and State* 37:869–84. Eisenstadt, Shmuel N. (ed.). 1968. *The Protestant Ethic and Modernization*. New York: Basic Books.
- Ekman, Ernst. 1957. 'The Danish Royal Law of 1665'. *Journal of Modern History* 2:102–7.
- Encarnatión, Omar. 2013. 'The Catholic Crisis in Latin America: Even an Argentine Pope Can't Save the Church'. *Foreign Affairs*, 19 March.
- Evera, Stephen van. 1994. 'Hypotheses on Nationalism and War'. *International Security* 18:5–39.
- Farmer, David L. 1991.'Marketing the Produce of the Countryside, 1200–1500'. In Edward Miller (ed.), *The Agrarian History of England and Wales*, vol. 3: *1348–1500*, 324–58. Cambridge: Cambridge University Press.
- Field, Clive D. 2008. 'A Shilling for Queen Elizabeth: The Era of State Regulation of Church Attendance in England, 1552–1969'. *Journal of Church and State* 50:213–53.
- Finke, Roger and Rodney Stark. 1992. *The Churching of America, 1776–1990*. New Brunswick, NJ: Rutgers University Press.
- Frejka, Tomas and Charles F. Westoff. 2008. 'Religion, Religiousness and Fertility in the US and in Europe'. *European Journal of Population* 24:5–31.
- Freston, Paul. 2008. *Evangelical Christianity and Democracy in Latin America*. Oxford: Oxford University Press.
- Fryde, E. B. 1963. 'Public Credit with Special Reference to North-Western Europe'. In M. M. Postan, E. E. Rich and Edward Miller (eds), *The Cambridge Economic History of Europe*, vol. 3, 430–553. Cambridge: Cambridge University Press.
- Garret, Brian. 2011. 'The Life and Work of Nehemiah Grew'. *The Public Domain Review*. http://publicdomainreview.org/2011/03/01/the-life-and-work-of-

nehemiah-grew/.

- Gascoigne, John. 1990. 'A Reappraisal of the Role of the Universities in the Scientific Revolution'. In David C. Lindberg and Robert S. Westman (eds), *Reappraisals of the Scientific Revolution*, 207–60. Cambridge: Cambridge University Press.

- Gee, Henry and William John Hardy (eds). 1896. *Documents Illustrative of English Church History*. New York: Macmillan. Geertz, Clifford. 1966. 'Religion as a Cultural System'. In Michael Banton (ed.), *Anthropological Approaches to the Study of Religion*, 1–46. London: Tavistock Publications.

- Gies, Joseph and Frances Gies. 1969. *Leonard of Pisa and the New Mathematics of the Middle Ages*. New York: Crowell.

- Gilchrist, John. 1969. *The Church and Economic Activities in the Middle Ages*. New York: St Martin's Press.

- Gill, Anthony. 1998. *Rendering unto Caesar: The Catholic Church and the State in Latin America*. Chicago, IL: University of Chicago Press.

- Gimpel, Jean. 1976. *The Medieval Machine: The Industrial Revolution of the Middle Ages*. New York: Penguin.

- Glock, Charles Y. and Rodney Stark. 1966. *Christian Beliefs and Anti-Semitism*. New York: Harper & Row.

- Gooren, Henri. 2002. 'Catholic and Non-Catholic Theologies of Liberation: Poverty, Self-Improvement, and Ethics among Small-Scale Entrepreneurs in a Guatemala City'. *Journal for the Scientific Study of Religion* 41:29–45.

- Grant, Edward. 1984. 'Science and the Medieval University'. In James Kittleson and Pamela J. Transue (eds), *Rebirth, Reform, and Resilience: Universities in Transition, 1300–1700*. Columbus, OH: Ohio State University Press.

- Greengrass. Mark. 2014. *Christendom Destroyed: Europe 1517–1648*. New York: Penguin.

- Gregory, Brad S. 2012. *The Unintended Reformation: How a Religious Revolution Secularized Society*. Cambridge, MA: Harvard University Press.

- Grell, Ole Peter (ed.). 1995. *The Scandinavian Reformation*. Cambridge: Cambridge University Press.

- Grell, Ole Peter. 1996. 'Introduction'. In Ole Peter Grell and Bob Scribner (eds), *Tolerance and Intolerance in the European Reformation*, 1–12. Cambridge:

Cambridge University Press.

- Grell, Ole Pater and Bob Scribner (eds). 1996. *Tolerance and Intolerance in the European Reformation*. Cambridge: Cambridge University Press.

- Gribbin, John. 2005. *The Fellowship: Gilbert, Bacon, Harvey, Wren, Newton, and the Story of a Scientific Revolution*. New York: The Overlook Press.

- Grim, Brian J. and Roger Finke. 2006. 'International Religion Indexes'. *Interdisciplinary Journal for Research on Religion* 2:1–40. Gritsch, Eric W. 2012. *Martin Luther's Anti-Semitism*. Grand Rapids, MI: Eerdmans.

- Guerry, André-Michel. [1833] 2002. *Essay on the Moral Statistics of France*. Lewiston, NY: The Edwin Mellen Press. Hamberg, Eva M. and Thorleif Pettersson. 1994. 'The Religious Market: Denominational   Competition and Religious Participation in Contemporary Sweden'. *Journal for the Scientific Study of Religion* 33:205–16.

- Hamberg, Eva M. and Thorleif Pettersson. 1997. 'Short-Term Changes in Religious Supply and Church Attendance in Contemporary Sweden'. *Research in the Scientific Study of Religion* 8:35–51.

- Haskins, Charles Homer. [1923] 2002. *The Rise of Universities*. New Brunswick, NJ: Transaction.

- Hay, Denys. 1977. *The Church in Italy in the Fifteenth Century*. Cambridge: Cambridge University Press.

- Hayes, Carlton J. 1917. *Political and Social History of Modern Europe*. (2 vols). New York: Macmillan.

- Hayes, Carlton J. [1960] 2016. *Nationalism: A Religion*. New Brunswick, NJ: Transaction.

- Headley, John M. 1987. 'Luther and the Problem of Secularization'. *Journal of the American Academy of Religion* 55:21–37.

- Heal, Bridget and Ole Peter Grell (eds). 2008. *The Impact of the European Reformation*. Aldershot: Ashgate.

- Hechter, Michael. 2000. *Containing Nationalism*. Oxford: Oxford University Press.

- Hendrix, Scott. 2000. 'Rerooting the Faith: The Reformation as Re-Christianization'. *Church History* 69:558–77.

- Herlihy, David. 1957. 'Church Property on the European Continent, 701–1200'.

Speculum 18:89–113.

- Hewitt, W. E. 1991. *Base Communities and Social Change in Brazil*. Lincoln, NE: University of Nebraska Press.
- Hickey, Anne Ewing. 1987. *Women of the Roman Aristocracy in Christian Monastics*. Ann Arbor, MI: UMI Research Press.
- Hill, Christopher. 1967. 'Puritanism, Capitalism, and the Scientific Revolution'. *Past & Present* 29:88–97.
- Hillerbrand, Hans J. 2003. *Encyclopedia of Protestantism*, 4 vols. New York: Routledge.
- Hilton, Walter. 1985. *Toward a Perfect Love*. Portland, OR: Multnomah Press.
- Himmelfarb, Gertrude. 1993. 'The Dark and Bloody Crossroads: Where Nationalism and Religion Meet'. *The National Interest* 32:53–61.
- Hunt, Edwin S. 1994. *The Medieval Super-Companies*. Cambridge: Cambridge University Press.
- Hunt, Edwin S. and James M. Murray. 1999. *A History of Business in Medieval Europe, 1200–1500*. Cambridge: Cambridge University Press.
- Hunter, Leslie Stannard (ed.). 1965. *Scandinavian Churches*. London: Faber & Faber.
- Hutchinson, John and Anthony D. Smith (eds). 1994. *Nationalism: An Oxford Reader*. Oxford: Oxford University Press.
- Iannaccone, Laurence R. 1991. 'The Consequences of Religious Market Structure'. *Rationality and Society* 3:156–77.
- Jaki, Stanley L. 1986. *Science and Creation*. Edinburgh: Scottish Academic Press.
- Jaki, Stanley L. 2000. *The Savior of Science*. Grand Rapids, MI: Eerdmans.
- Janin, Hunt. 2008. *The University in Medieval Life, 1170–1499*. Jefferson, NC: McFarland.
- Jenkins, Philip. 2002. *The Next Christendom: The Coming of Global Christianity*. New York: Oxford University Press.
- Jenkins, Philip. 2003. *The New Anti-Catholicism: The Last Acceptable Prejudice*. New York: Oxford University Press.
- Jenkins, Philip. 2006. *The New Faces of Christianity*. New York: Oxford University Press.
- Jessup, David Eric. 2010. 'The Language of Religious Liberty in the Swedish

Constitution of 1809'. *Scandinavian Studies* 82:159–82. Johnson, Barclay D. 1965. 'Durkheim's One Cause of Suicide'. *American Sociological Review* 30: 875–86.

- Johnson, Paul. 1976. *A History of Christianity*. New York: Atheneum. (《기독교의 역사》, 포이에마, 2013).
- Johnson, Paul. 2003. *Art: A New History*. New York: HarperCollins.
- Jones, E. L. 1987. *The European Miracle*, 2nd edn. Cambridge: Cambridge University Press.
- Jünger, Ernst. [1920] 1961. *Storm of Steel*. New York: Penguin Classics.
- Kaelber, Lutz. 1998. *Schools of Asceticism*. University Park, PA: Pennsylvania State University Press.
- Kearney, H. F. 1964. 'Puritanism, Capitalism and the Scientific Revolution'. *Past & Present* 28:81–101.
- King, Peter. 1999. *Western Monasticism*. Kalamazoo, MI: Cistercian Publications.
- Kistner, W. 1976. 'The Reformation and the Roots of German Nationalism'. *Theoria* 46:61–76.
- Kittleson, James. 1986. *Luther the Reformer*. Minneapolis, MN: Augsburg Fortress.
- Klaiber, Jeffrey L. 1970. 'Pentecostal Breakthrough'. *America* 122:99–102.
- Kocher, Paul H. 1953. *Science and Religion in Elizabethan England*. San Marino, CA: The Huntington Library.
- Kohn, Hans. 1950. 'Romanticism and the Rise of German Nationalism'. *Review of Politics* 12:443–72.
- Laelber, Lutz. 1998. *Schools of Asceticism*. University Park, PA: Pennsylvania State University Press.
- Landes, David S. 1994. 'What Room for Accident in History? Explaining Big Changes by Small Events'. *The Economic History Review* 47:637–56.
- Latourette, Kenneth Scott. 1975. *A History of Christianity*, vol. 2. San Francisco, CA: HarperSanFrancisco.
- Laurentin, René. 1977. *Catholic Pentecostalism*. Garden City, NY: Doubleday.
- Lindberg, Carter. 2010. *The European Reformations*, 2nd edn. Chichester: John Wiley.
- Lindberg, David C. 1992. *The Beginnings of Western Science*. Chicago, IL: University of Chicago Press.

- Lindberg, David C. and Robert S. Westman (eds). 1990. *Reappraisals of the Scientific Revolution*. Cambridge: Cambridge University Press.
- Little, Lester K. 1978. *Religious Poverty and the Profit Economy in Medieval Europe*. Ithaca, NY: Cornell University Press.
- Lloyd, T. H. 1982. *Alien Merchants in England in the High Middle Ages*. New York: St Martin's Press.
- Loane, M. [1906] 2012. *The Queen's Poor: Life as They Find It in Town and Country*. Ulan Press (location unknown).
- Lodberg, Peter. 1989. 'The Churches in Denmark'. In Peter Brierley (ed.), *Danish Christian Handbook*, 6–8. London: MARC Europe.
- Lopez, Robert S. 1952. 'The Trade of Medieval Europe: The South'. In M. M. Postan, E. E. Rich and Edward Miller (eds), *The Cambridge Economic History of Europe*, vol. 2, 25–354. Cambridge: Cambridge University Press.
- Lopez, Robert S. 1976. *The Commercial Revolution of the Middle Ages, 950–1350*. Cambridge: Cambridge University Press.
- Lukes, Steven. 1971. 'The Meanings of "Individualism"'. *Journal of the History of Ideas* 32:45–66.
- McClelland, David C. 1961. *The Achieving Society*. New York: Van Nostrand.
- McCloskey, Deirdre N. 2010. *Bourgeois Dignity: Why Economics Can't Explain the Modern World*. Chicago, IL: University of Chicago Press.
- MacCulloch, Diarmaid. 2004. *The Reformation*. New York: Viking. (《종교개혁의 역사》, CLC, 2011).
- Macfarlane, Alan. 1978a. 'The Origins of English Individualism: Some Surprises'. *Theory and Society* 6:255–77.
- Macfarlane, Alan. 1978b. *The Origins of English Individualism*. Oxford: Blackwell.
- McGrath, Alister E. 2007. *Christianity's Dangerous Idea*. San Francisco, CA: HarperOne. (《기독교, 그 위험한 사상의 역사》, 국제제자훈련원, 2009).
- Manchester, William. 1993. *A World Lit Only by Fire*. New York: Little, Brown. (《불로만 밝혀지는 세상》, 이론과 실천, 2008).
- Mansfield, Patti Gallagher. 1992. *As by a New Pentecost: The Dramatic Beginning of the Catholic Charismatic Renewal*. Lancashire, UK: Proclaim! Publications.
- Maritain, Jacques. 1950. *Three Reformers*. New York: Scribner's. Mariz, Cecilia. 1994. *Coping with Poverty: Pentecostal Churches and the Christian Base Communities*

in Brazil. Philadelphia, PA: Temple University Press.

- Marshall, Peter. 2009. '(Re)defining the English Reformation'. *Journal of British Studies* 48:564–86.
- Martin, David. 1990. *Tongues of Fire: The Explosion of Protestantism in Latin America.* Oxford: Blackwell.
- Martin, David. 2002. *Pentecostalism: The World Their Parish.* Oxford: Blackwell.
- Marty, Martin. 1993. 'Luther's Living Legacy'. *Christian History* 39:51–3.
- Mason, Stephen F. 1950. 'Some Historical Roots of the Scientific Revolution'. *Science & Society* 14:237–64.
- Mason, Stephen F. 1962. *A History of the Sciences*, rev. edn. New York: Macmillan.
- Mayr-Harting, Henry. 1993. 'The West: The Age of Conversion(700–1050)'. In John MacManners (ed.), *The Oxford History of Christianity*, 101–29. Oxford: Oxford University Press.
- Mecham, John Lloyd. [1934] 1966. *Church and State in Latin America.* Chapel Hill, NC: University of North Carolina Press.
- Merton, Robert K. 1938. 'Science, Technology and Society in Seventeenth-Century England'. *Osiris* 4:360–632.
- Merton, Robert K. 1967. *On Theoretical Sociology.* New York: The Free Press.
- Merton, Robert K. 1984. 'The Fallacy of the Latest Word: The Case for "Pietism and Science"'. *American Journal of Sociology* 89:1091–1121.
- Michaud, J. F. 1855. *The History of the Crusades.* New York: Redfield.
- Minkov, Michael and Geert Hofstede. 2012. 'Is National Culture a Meaningful Concept?' *Cross-Cultural Research* 46:133–59. Moeller, Bernd. 1972. *Imperial Cities and the Reformation.* Philadelphia, PA: Fortress Press.
- Monod, Paul Kléber. 1999. *The Power of Kings.* New Haven, CT: Yale University Press.
- Monroe, Arthur Eli. 1975. *Early Economic Thought.* New York: Gordon Press.
- Monter, E. William and John Tedeschi. 1986. 'Towards a Statistical Profile of Italian Inquisitions, Sixteenth to Eighteenth Centuries'. In Gustav Henningsen and John Tedeschi (eds), *The Inquisition in Early Modern Europe: Studies on Sources and Methods*, 130–57. DeKalb, IL: Northern Illinois University Press.
- Montgomery, T. S. 1979. 'Latin American Evangelicals: Oaxtepec and Beyond'. In Daniel H. Levine (ed.), *Churches and Politics in Latin America*, 87–107. Beverley

Hills, CA: Sage.

- Morishima, Michio. 1990. 'Ideology and Economic Activity'. *Current Sociology* 38:51–7.

- Morselli, Henry. [1879] 1882. *Suicide: An Essay on Comparative Moral Statistics.* New York: Appleton.

- Murray, Alexander. 1972. 'Piety and Impiety in Thirteenth-Century Italy'. *Studies in Church History* 8:83–106.

- Nash, David. 2004. 'Reconnecting Religion with Social and Cultural History: Secularization's Failure as a Master Narrative'. *Cultural and Social History* 1:302–25.

- Needham, Joseph. 1954. *Science and Civilization in China*, vol. 1. Cambridge: Cambridge University Press.

- Needham, Joseph. 1956. *Science and Civilization in China*, vol. 2. Cambridge: Cambridge University Press.

- Neitz, Mary Jo. 1987. *Charisma and Community: A Study of Religious Commitment within the Charismatic Renewal.* New Brunswick, NJ: Transaction.

- Nelsen, Brent F. and James L. Guth. 2015. *Religion and the Struggle for European Union.* Georgetown, Washington, DC: Georgetown University Press.

- Nelson, Benjamin. 1969. *The Idea of Usury*, 2nd edn. Chicago, IL: University of Chicago Press.

- Newton, Isaac. [1687] 1971. *The Motion of Bodies* (vol. 1 of *Principia*). Berkeley, CA: University of California Press.

- Niebuhr, H. Richard. 1929. *The Social Sources of Denominationalism.* New York: Henry Holt.

- North, Charles M. and Carl R. Gwin. 2004. 'Religious Freedom and the Unintended Consequences of State Religion'. *Southern Economics Journal* 71:103–17.

- Nuñez, Emilio A. and William D. Taylor. 1989. *Crisis in Latin America: An Evangelical Perspective.* Chicago, IL: Moody Press.

- Obelkevich, James. 1976. *Religion and Rural Society.* New York: Doubleday.

- O'Donovan, Oliver, and Joan Lockwood O'Donovan (eds). 1999. *A Sourcebook in Christian Political Thought.* Grand Rapids, MI: Eerdmans.

- Olsen, Glenn. 1969. 'Italian Merchants and the Performance of Papal Banking Functions in the Early Thirteenth Century'. In David Herlihy, Robert S. Lopez and Vsevolod Slessarev (eds), *Economy, Society, and Government in Medieval Italy*, 43–63. Kent, OH: Kent State University Press.

- Oman, Sir Charles. [1924] 1960. *History of the Art of War in the Middle Ages*. Ithaca, NY: Cornell University Press.
- Ottosen, Knud. 1986. *A Short History of the Churches in Scandinavia*. Arhus: Hovedbygningen Universitet Press.
- Ozment, Steven. 1975. *The Reformation in the Cities*. New Haven, CT: Yale University Press.
- Ozment, Steven. 1980. *The Age of Reform 1250–1550*. New Haven, CT: Yale University Press.
- Parker, Geoffrey. 1992. 'Success and Failure during the First Century of the Reformation'. *Past & Present* 136:43–82.
- Payton, James R., Jr. 2010. *Getting the Reformation Wrong*. Downers Grove, IL: InterVarsity Press.
- Pettersson, Thorleif. 1988. 'Swedish Church Statistics'. *Social Compass* 35:15–31.
- Pettersson, Thorleif and Eva M. Hamberg. 1997. 'Denomina- tional Pluralism and Church Membership in Contemporary Sweden: A Longitudinal Study of the Period 1974–1995'. *Journal of Empirical Theology* 10:61–78.
- Picton, Hervé. 2015. *A Short History of the Church of England*. Cambridge: Cambridge Scholars Publishing.
- Pope, Whitney. 1976. *Durkheim's Suicide: A Classic Analyzed*. Chicago, IL: University of Chicago Press.
- Pope, Whitney and Nick Danigelis. 1981. 'Sociology's One Law'. *Social Forces* 60:495–516.
- Porges, Walter. 1946. 'The Clergy, the Poor, and the Non-Combatants on the First Crusade'. *Speculum* 21:1–23.
- Powell, Milton B. (ed.). 1967. *The Voluntary Church*. New York: Macmillan.
- Probst, Christopher J. 2012. *Demonizing the Jews: Luther and the Protestant Church in Nazi Germany*. Bloomington, IN: University of Indiana Press.
- Rabb, Theodore K. 1965. 'Religion and the Rise of Modern Science'. *Past & Present* 31:111–26.
- Raftus, J. A. 1958. 'The Concept of the Just Price'. *Journal of Economic History* 18:435–7.

- Rashdall, Hastings. [1936] 1977. *The Universities of Europe in the Middle Ages*, 3 vols. Oxford: Oxford University Press.
- Redman, Ben Ray. 1949. *The Portable Voltaire*. New York: Penguin.
- Roberts, Michael. 1968. *The Early Vasas: A History of Sweden, 1523–1611*. Cambridge: Cambridge University Press.
- Robinson, Charles Henry. 1923. *History of Christian Missions*. New York: Charles Scribner's Sons.
- Rubenstein, Richard L. 1985–6. 'The Political Significance of Latin American Liberation Theology'. *World Affairs* 148:159–67.
- Rubin, Jared. 2016. *Rulers, Religion, and Riches: Why the West Got Rich and the Middle East Did Not*. Cambridge: Cambridge University Press.
- Russell, Josiah Cox. 1958. *Late Ancient and Medieval Population*. Philadelphia, PA: American Philosophical Society.
- Russell, Josiah Cox. 1972. *Medieval Regions and Their Cities*. Bloomington, IN: Indiana University Press.
- Russell, Josiah Cox. 1987. *Medieval Demography*. New York: AMS Press.
- Samuelsson, Kurt. [1961] 1993. *Religion and Economic Action*. Toronto, ON: University of Toronto Press.
- Sanderson, Stephen K., Seth A. Abrutyn and Kristopher R. Proctor. 2011. 'Testing the Protestant Ethic Thesis with Quantitative Historical Data: A Research Note'. *Social Forces* 89:905–11.
- Schmied, Gerhard. 1996. 'American Televangelism on German TV'. *Journal of Contemporary Religion* 11:95–9.
- Schrock-Jacobson, Gretchen. 2012. 'The Violent Consequences of the Nation: Nationalism and the Initiation of Interstate War'. *Journal of Conflict Resolution* 56:825–52.
- Schulze, Hagen. 1996. *States, Nations and Nationalism: From the Middle Ages to the Present*. Oxford: Blackwell.
- Selthoffer, Steve. 1997. 'German Government Harasses Charismatic Christians'. *Charisma* (June):22–4.
- Shapin, Steven. 1996. *The Scientific Revolution*. Chicago, IL: University of Chicago Press. (《과학 혁명》, 영림카디널, 2002).
- Shapiro, B. J. 1968. 'Latitudinarianism and Science in Seventeenth-Century

England'. *Past & Present* 40:16–41.

- Shirer, William L. 1960. *The Rise and Fall of the Third Reich: A History of Nazi Germany*. New York: Simon & Schuster. (《제3제국의 흥망》, 에디터, 1993).
- Siemon-Netto, Uwe. 1995. *The Fabricated Luther: The Rise and Fall of the Shirer Myth*. St Louis, MO: Concordia.
- Siewert, John A. and Edna G. Valdez. 1997. *Mission Handbook: US and Canadian Christian Ministries Overseas*, 17th edn. Grand Rapids, MI: Zondervan.
- Smith, Adam. [1776] 1981. *An Inquiry into the Nature and Causes of the Wealth of Nations*, 2 vols. Indianapolis, IN: Liberty Fund.
- Smith, Christian, 1998. *American Evangelicalism*. Chicago, IL: University of Chicago Press.
- So, Alvin Y. 1990. *Social Change and Development*. Los Angeles, CA: Sage.
- Sorensen, Rob. 2016. *Martin Luther and the German Reformation*. London: Anthem Press.
- Southern, R. W. 1970a. *Medieval Humanism and Other Studies*. New York: Harper Torchbooks.
- Southern, R. W. 1970b. *Western Society and the Church in the Middle Ages*. London: Penguin.
- Spong, John Shelby. 2001. *A New Christianity for a New World*. San Francisco, CA: HarperOne. (《새 시대를 위한 새 기독교》, 한국기독교연구소, 2005).
- Stark, Rodney. 1992. 'Do Catholic Societies Really Exist?' *Rationality and Society* 4:261–71.
- Stark, Rodney. 1998. 'Catholic Contexts: Competition, Commitment and Innovation'. *Review of Religious Research* 39:197–208.
- Stark, Rodney. 2004a. *For the Glory of God: How Monotheism Led to Reformations, Science, Witch-Hunts and the End of Slavery*. Princeton, NJ: Princeton University Press.
- Stark, Rodney. 2004b. 'Upper-Class Asceticism: Social Origins of Ascetic Movements and Medieval Saints'. *Review of Religious Research* 45:5–19.
- Stark, Rodney. 2008. *What Americans Really Believe*. Waco, TX: Baylor University Press.
- Stark, Rodney. 2014. *How the West Won: The Neglected Story of Modernity*. Wilmington, DE: ISI Books.

- Stark, Rodney. 2015. *The Triumph of Faith*. Wilmington, DE: ISI Books.
- Stark, Rodney. 2016. *Bearing False Witness: Debunking Centuries of Anti-Catholic History*. West Conshohocken, PA: Templeton Press.
- Stark, Rodney and William Sims Bainbridge. 1996. *Religion, Deviance, and Social Control*. New York: Routledge.
- Stark, Rodney, Daniel P. Doyle and Jesse Lynn Rushing, 1983. 'Beyond Durkheim: Religion and Suicide'. *Journal for the Scientific Study of Religion* 22:120–31.
- Stark, Rodney and Roger Finke. 2000. 'Catholic Religious Vocations: Decline and Revival'. *Review of Religious Research* 42:5–25.
- Stark, Rodney and Charles Y. Glock. 1968. *American Piety*. Berkeley, CA: University of California Press.
- Stark, Rodney and Buster G. Smith. 2010. 'Conversion to Latin American Protestantism and the Case for Religious Motivation'. *Interdisciplinary Journal of Research on Religion* 6, Article 7. www.religjournal.com
- Steigmann-Gall, Richard. 2000. 'Apostasy or Religiosity? The Cultural Meanings of the Protestant Vote for Hitler'. *Social History* 25:267–84.
- Steigmann-Gall, Richard. 2003. *The Holy Reich: Nazi Conceptions of Christianity*. Cambridge: Cambridge University Press.
- Stoll, David. 1990. *Is Latin America Turning Protestant?* Berkeley, CA: University of California Press.
- Stoll, David. 1993. 'Introduction'. In Virginia Garrard-Burnett and David Stoll (eds), *Rethinking Protestantism in Latin America*, 1–19. Philadelphia, PA: Temple University Press.
- Stone, Lawrence. 1964. 'The Educational Revolution in England, 1560–1640'. *Past & Present* 28:41–80.
- Stone, Lawrence. 1972. *The Causes of the English Revolution*. New York: Harper & Row.
- Strauss, Gerald. 1975. 'Success and Failure in the German Reformation'. *Past & Present* 67:30–63.
- Strauss, Gerald. 1978. *Luther's House of Learning*. Baltimore, MD: Johns Hopkins University Press.
- Taylor, Charles. 2007. *The Secular Age*. Cambridge, MA: Harvard University Press.

- Thomas, Keith. 1971. *Religion and the Decline of Magic*. New York: Oxford University Press. Thorner, Isador, 1952. 'Ascetic Protestantism and the Development of Science and Technology'. *American Journal of Sociology* 58:25–33. 《종교와 마술, 그리고 마술의 쇠퇴 1-3》, 나남출판, 2014).

- Tomasson, Richard E. 1980. *Iceland*. Minneapolis, MN: University of Minnesota Press.

- Tracy, James D. 1999. *Europe's Reformations, 1450–1650*. Lanham, MD: Rowman & Littlefield.

- Trevor-Roper, H. R. [1969] 2001. *The Crisis of the Seventeenth Century: Religion, the Reformation, and Social Change*. Indianapolis, IN: Liberty Fund.

- Upton, A. F. 1990. 'Sweden'. In John Miller (ed.), *Absolutism in Seventeenth-Century Europe*, 99–121. London: Macmillan.

- Viereck, Peter. 1953. *Shame and Glory of the Intellectuals*. Boston, MA: Beacon Press.

- Viola, Frank. 2015. 'Shocking Beliefs of John Calvin'. *Patheos*, 8 April. www.patheos.com/blogs/frankviola/shockingbeliefsofjohncalvin/.

- Walsham, Alexandra. 2008. 'The Reformation and "The Disenchantment of the World" Reassessed'. *Historical Journal* 51:497–528.

- Walzer, Michael. 1965. *The Revolution of the Saints*. Cambridge, MA: Harvard University Press.

- Weber, Max. [1904–5] 1992. *The Protestant Ethic and the Spirit of Capitalism*. London and New York: Routledge. 《프로테스탄트 윤리와 자본주의 정신》, 현대지성, 2018).

- Welliver, Dotsey and Minnette Northcutt. 2004. *Mission Handbook, 2004–2006*. Wheaton, IL: EMIS.

- Westfall, Richard S. 1971. *The Construction of Modern Science*. New York: Wiley.

- Whitehead, Alfred North. [1925] 1967. *Science and the Modern World*. New York: The Free Press. 《과학과 근대세계》, 서광사, 2008).

- Whitehead, Alfred North. [1929] 1979. *Process and Reality*. New York: The Free Press. 《과정과 실재》, 민음사, 2003).

- Williams, Sarah. 1999. *Religious Belief and Popular Culture in Southwark, c.1880–1939*. Oxford: Oxford University Press.

- Wilson, Derek. 2008. *Out of the Storm: The Life and Legacy of Martin Luther*. New

York: Macmillan.

- Woodward, G. W. O. 1974. *The Dissolution of the Monasteries*. London: Pitkin Pictorials.
- Woolston, Thomas. 1735. *Works of Thomas Woolston*. London: J. Roberts.
- Wuthnow, Robert. 1989. *Communities of Discourse*. Cambridge, MA: Harvard University Press.
- Zagorin, Perez. 2003. *How the Idea of Religious Toleration Came to the West*. Princeton, NJ: Princeton University Press.
- Zimdars-Swartz, Sandra L. 1991. *Encountering Mary*. Princeton, NJ: Princeton University Press.

우리는 종교개혁을 오해했다

초판 1쇄 인쇄 2018년 10월 26일
초판 1쇄 발행 2018년 11월 2일

지은이 로드니 스타크
옮긴이 손현선

펴낸이 최영민
펴낸곳 헤르몬
등록번호 제406-2015-31호 (2015년 3월 27일)
주소 경기도 파주시 신촌2로 24
전화 031)8071-0088   **팩스** 031)942-8688
이메일 pnpbook@naver.com

ISBN 979-11-87244-32-5 (03230)

※ 헤르몬은 피앤피북의 임프린트 명입니다.
※ 책값은 뒤표지에 있습니다. 잘못된 책은 구입하신 곳에서 교환해드립니다.